데이터지능

데이터를 읽고 의심하고 추측하는 힘

데이터 지능

이긍희 지음

드림북스

데이터지능

1쇄 발행 2025년 4월 28일

지은이 이긍희
펴낸이 조일동
펴낸곳 드레북스

출판등록 제2025-000023호
주소 서울시 은평구 통일로 630 래미안 베리힐즈 203동 1102호
전화 02-356-0554 **팩스** 02-356-0552
이메일 drebooks@naver.com
인스타그램 @drebooks

인쇄 (주)프린탑
배본 최강물류

ISBN 979-11-93946-37-4 03300

- 이 책은 저작권법에 따라 보호받는 저작물이므로 무단 전재와 무단 복제를 금지하며, 이 책의 전부 또는 일부를 이용하려면 저작권자와 드레북스의 동의를 받아야 합니다.
- 책값은 뒤표지에 있습니다.
- 잘못된 책은 구입하신 서점에서 바꾸어 드립니다.

Data Intelligence

우리는 매일 수많은 선택의 갈림길에 선다. 아침에 어떤 커피를 마실지, 어떤 옷을 입을지 같은 사소한 결정부터 진로를 바꾸거나 인생의 반려자를 선택하는 중대한 결정까지. 이 모든 선택은 삶의 궤적을 형성하고, 미래를 조금씩 바꿔 나간다. 하지만 중요한 선택일수록 우리는 늘 불확실성의 벽과 마주하게 된다.

"이게 과연 옳은 선택일까?", "나중에 후회하지는 않을까?", "다른 선택을 했다면 어땠을까?" 우리는 이 질문들 앞에서 고민하고, 망설이며, 결국 확실하지 않은 것을 추측하며 결정을 내린다. 이런 추측은 단순한 직감만으로 이루어지는 것이 아니다. 우리는 흔히 데이터를 바탕으로 판단한다.

은행원은 신용평가 정보를 기반으로 대출 여부를 결정하고, 의사는 환자의 검사 수치를 보고 진단과 처방을 내리며, 중앙은행의 정책 담당자는 고용, 물가, 소비 등 다양한 경제지표를 분석해 통화 정책을 조정한다. 이 모든 과정에는 불확실성을 측정하고 추론하는 능력, 곧 데이터를 읽고, 의심하고, 추측하는 데이터지능이 작동하고 있다.

그렇다면 우리는 언제부터 데이터를 통해 세상을 이해하기 시작했을까? 밤하늘을 올려다보자. 어둠 속에서 빛나는 별들을 보다 보면 북두칠성, 오리온자리, 카시오페이아 같은 별자리가 눈에 들어온다. 이 별자리는 인류가 수천 년에 걸쳐 별의 움직임을 관찰하고, 반복되는 패턴을 찾아 의미와 이야기를 부여해 온 결과물이다. 밤하늘의 주기를 측정하고 기록하며 우주의 질서를 이해하려 했던 그 노력은 천문학의 시작이 되었고, 오차를 줄이기 위한 도구로 통계학의 기초가 등장했다. 가우스와 라플라스는 별의 위치를 예측하고 관측 오차를 보정하면서 오늘날 우리가 사용하는 정규분포와 최소제곱법 같은 통계 방법의 토대를 마련했다.

우리는 눈에 보이지 않는 질서와 패턴을 발견하고, 그 의미를 해석하려는 본능을 지니고 있다. 이런 패턴 인식은 자연현상에만 국한되지 않는다. 인간의 삶, 건강, 사회현상에도 동일하게 적용된다. 예컨대 어떤 질병의 근원을 완전히 알지 못하더라도 우리는 누가 병에 걸리고 누가 그렇지 않은지를 비교해 차이를 측정하고, 그 속에서 원인을 유추해낸다. 19세기 영국 의사 존 스노우는 콜레라 환자의 거주지를 지도에 표시하면서, 오염된 펌프가 전염병의 원인임을 밝혀냈다. 같은 시기, 플로렌스 나이팅게일은 크림전쟁에서 병원 사망률을 분석해 비위생적인 환경이 주된 사망 원인임을 밝혔고, 이를 장미도표라는 혁신적인 시각화 도구로 표현해 대중과 정책결정자에게 강한 인상을 남겼다. 20세기에는 피셔와 힐이 무작위 대조 실험의 기초를 세웠고, 결핵 치료제에 대한 최초의 무작위 임상시험이 실행되면서 통계학은 의학의 근간으로 자리잡았다. 오늘날에는 유전체 분석, 인공지능 기반 진단 등 더욱 정교한 형태로 진화하고 있다.

지금 우리는 데이터를 가장 적극적으로 활용하는 시대를 살고 있다. 인공지능의 비약적인 발전은 이 데이터 기반 지능의 진화를 상징한다. 초기 인공지능은 규칙을 기반으로 한 모형으로 출발했다. 언어나 문제 해결을 위한 규칙을 사람이 직접 정의하고 입력해야 했는데, 데이터도 계산력도 부족했던 그 시기에는 성과가 제한적이었다. 하지만 시간이 흐르면서 데이터를 공정하게 수집하고 통계적으로 해석하는 방법이 정착되었고, 그 결과 데이터를 통해 일반화를 도출하는 통계 모형이 발전했다.

그리고 이제, 대규모 데이터를 빠르게 처리할 수 있는 컴퓨팅 환경이 갖추어지면서 기존 통계 모형보다 더 유연하고 복잡한 신경망 기반의 딥러닝 모형이 주류가 되었다. 특히 흥미로운 점은 신경망 기반 인공지능의 작동 방식이 통계적 사고의 구조와 매우 닮아 있다는 것이다. 통계적 사고는 데이터를 수집하고 관찰하며, 그 속에서 패턴을 찾고, 그 패턴이 단순한 우연인지 의미 있는 구조인지를 검증한 후, 그 결과를 바탕으로 예측하거나 결정을 내리는 방식으로 진행된다. 신경망 모형도 마찬가지다. 대량의 데이터를 입력받아 반복적인 계산을 통해 입력과 출력 사이의 규칙성을 학습하고, 이후 새로운 상황에서도 합리적인 판단을 내릴 수 있도록 일반화된 구조를 만든다. 초기에는 무작위처럼 보이던 데이터들이 학습을 거치며 점차 뚜렷한 구조를 이루고, 데이터 간의 연관성과 차이를 구분해내는 모형으로 발전한다. 통계학이 확률분포와 추정, 검정을 통해 세상의 구조를 이해하고 불확실성을 줄이려 한다면, 신경망은 이런 과정을 기계적으로 반복 학습해 자동화하는 것이다.

즉 신경망은 통계적 사고를 기계가 학습 가능한 형태로 구현하고 확장한 것이라 볼 수 있다. 우리가 데이터를 반복적으로 보고, 의심하고, 질문하며 새로운 규칙을 발견하듯 인공지능도 데이터를 통해 학습하며, 인간의 직관과 규칙을 넘어서는 새로운 전략과 해석을 도출해낸다.

이 책은 이처럼 데이터를 읽고, 분석하고, 예측하는 힘, 즉 데이터지능을 키우는 방법을 다룬다. 그 중심에는 통계학과 통계가 있다. 이들은 영문으로는 statistics로 같은 단어이지만 그 의미는 다르다. 통계학은 종종 수학의 하위 분야로 오해받지만, 실제로는 산업화, 도시화, 민주화 과정 속에서 세상을 더 잘 이해하고자 한 실천적인 연구의 산물이다. 통계는 세상을 데이터로 측정해서 요약한 결과다.

이 책은 통계학의 두 가지 핵심축을 따라 구성되었다. 1장부터 6장까지는 추측통계학을 중심으로 확률, 표본, 추정, 검정, 인과관계, 모형 등 불확실성을 다루는 사고의 기본 원리를 설명한다. 7장과 8장은 통계와 기술통계학을 중심으로 데이터를 표와 그래프로 요약하고 시각화해서 정보를 정리하고, 세상을 설득하고 변화시키는 방법을 보여준다.

필자는 통계학을 배운 후 40여 년 동안 데이터를 통해 세상을 이해하고 예측해왔다. 1980년대 후반 한국은행에 들어간 뒤, 통계 패키지인 SAS를 활용해 국가통계를 전산화했고, 거시경제 예측모형을 개발해서 정책 분석에 활용했다. 또한 국민소득통계를 작성했고, 우리나라의 실정에 맞는 계절조정 방법을 개발해 다양한 통계에 적용했다. 이후 대학으로 자리를 옮겨서는 빅데이터와 인공지능 시대에 맞는 교육과 연구에 힘써 왔다.

이처럼 데이터를 수집해서 정리하는 기술통계학, 데이터를 통해 불확실한 세상을 추론하고 예측하는 추측통계학, 그리고 인공지능이라는 새로운 도구에 이르기까지, 통계학의 모든 영역을 경험하며 필자는 데이터와 함께 사고하고 성장해왔다. 이 책은 그런 경험을 바탕으로 데이터를 통해 세상을 해석하는 방법, 다시 말해 데이터지능에 대한 생각들을 정리한 결과물이다. 수식은 배제하고, 일상적인 언어와 사례를 통해 통계학의 문턱을 낮추고자 했다. 각 장은 독립적이므로 관심 있는 주제부터 자유롭게 읽어도 좋다.

불확실성이 일상이 된 시대, 데이터를 나침반 삼아 스스로 사고하고 판단하며 더 나은 선택을 할 수 있도록 이 책이 그 첫걸음을 함께 내딛는 동반자이자 길잡이가 되기를 바란다.

차례

프롤로그

1장 불확실한 세상에 동전을 던져라

세상이 불확실하다는 것만 확실할 뿐	019
불확실성의 정량화, 확률의 시작	021
차라리 동전을 던져라	023
어떻게 생각을 업데이트할까	027
보이는 것이 전부가 아니다	030
아름다운 확률분포, 정규분포	033
슈뢰딩거의 고양이는 살아 있을까	037
파스칼의 선택 기준	042

2장 세상의 조각으로 전체를 읽다

하나를 보면 열을 안다	047
중요한 것은 항해하는 방법	049
표본조사는 언제부터 시작했을까	052
모집단을 대표하는 표본을 뽑을 수 있을까	055
여론조사는 왜 틀리는가	058
여론조사의 대안	061

3장 가장 가능성 높은 판단을 하는가

군중심리인가 군중의 지혜인가	067
통계적으로 사랑을 찾다	070
통계적 추정의 편의와 분산	072
통계적 추정의 기준, 불편성과 효율성	075
사법 판단에서의 통계적 통찰	077
판결 보조 시스템은 필요한가	080
ABS는 야구를 어떻게 바꾸었나	083
표본평균은 어떻게 움직이는가	086

4장 낮은 확률의 사건은 믿지 마라

낮은 확률의 사건은 왜 과대평가될까	091
확률과 심리를 이용한 사기, 보이스피싱	094
통계적 가설검정과 형사재판	097
무고한 사람을 만들지 말자	101
낮은 확률을 믿지 않는다	106
그는 정말 초능력자일까	109
확률을 정확히 계산할 수 있을까	113

5장 까마귀 날자 배 떨어진 이유	〈살인의 추억〉은 왜 범인 검거에 실패했을까	121
	플랫폼은 어떻게 내가 좋아하는 것을 알까	124
	챌린저호의 폭발과 재앙의 통계학	127
	대형사고는 우연히 일어났을까	130
	진짜 원인 찾기의 여정	134

6장 변하는 것과 변하지 않는 것	모든 모형은 틀렸지만, 어떤 모형은 유용하다	141
	통계 모형은 어떻게 만들까	143
	와인 가격을 어떻게 평가할까	146
	작은 모형이 아름답다, 오캄의 면도날	151
	외환위기와 거시계량경제모형	154
	빅데이터 시대와 통계 분석 패러다임의 전환	157

7장 데이터, 세상을 보여주다	그림이 많은 것을 말한다	163
	데이터 너머의 이야기	166
	러시아원정과 미나르의 데이터 시각화	171
	나이팅게일, 장미도표로 생명을 구하다	175
	존 스노우와 콜레라 맵	181
	튜키, 데이터과학을 열다	186

8장 데이터로 세상을 읽고 답하라	변동에서 시작한 통계적 사고	193
	불확실한 세상을 읽는 렌즈	196
	변동을 고려한 통계적 사고	200
	데이터를 표로 체계화하라	203
	식목왕과 식목년표	207
	통계는 신뢰의 소프트 인프라	210
	20세기 위대한 발명품, 국민소득통계	214
	진실과 새빨간 거짓말 사이	217

에필로그
주석
참고문헌
주요 인물

1장

불확실한 세상에 동전을 던져라

통계학의 첫 번째 가정은 세상은 불확실하다는 것이다. 우리는 이 불확실한 현실을 확률이라는 도구로 측정하며 선택을 수행한다. 이는 우리 뇌가 결정론적 체계가 아닌 '확률적 기계'로 기능하기 때문일지도 모른다. 우리 뇌의 신경세포 간 신호 전달은 컴퓨터의 이진논리와 달리 확률적 패턴을 따른다. 뉴런은 입력신호의 강도와 환경적인 맥락에 따라 가변적으로 반응한다. 이런 뇌의 확률적 특성은 우리의 일상적인 의사결정에 반영되어 있다. 불확실성을 다루는 통계학의 기본 가정이 단순한 학문적 편의가 아니라 인간의 인지 체계의 근본적인 특성과 밀접하게 연결되어 있다.

세상이 불확실하다는 것만
확실할 뿐

세상을 살다 보면 누군가에게는 발생 확률이 극히 낮은 사건이 연속적으로 일어나는 현상을 목격하곤 한다. 어떤 사람은 천문학적인 확률을 뚫고 복권에 연속 당첨되기도 하고, 건강했던 사람이 예고 없이 심장마비로 사망하기도 한다. 비행기 추락 사고에서 탑승 시간의 미세한 차이가 생존과 죽음을 가르는 결정적인 변수가 되기도 한다. 매일 세상 어디에서는 누군가에게 행운이 방문하는 동시에, 또 다른 사람에게는 예측할 수 없는 불행이 찾아온다. 우리는 이런 불확실성 속에서 끊임없이 선택해간다. 확실한 것은 단 하나, '세상이 불확실하다는 것' 뿐이다.

인류는 역사적으로 불확실한 세상과 공존하며 살아왔다. 날씨의 변화, 농작물의 수확량, 전쟁의 승패 등 수많은 영역에서 불확실성에 직면해왔다. 그러나 오랫동안 사람들은 이런 불확실성의 본질을 이해하지 못했다. 그 근본적인 이유는 세상에서 정확히 같은 조건의 사건이 반복되는 경우가 극히 드물었기 때문이다. 불확실성이 주는 불안에서 벗어나기 위해 인류는 이를 신의 의지나 초자연적인 힘으로 설명하려고 했다.

오늘날에도 복권 당첨과 같은 우연적인 사건을 꿈이나 선행과 연결 짓는 경향이 있다. 그러나 이는 인과관계의 오류를 범하는 것이다. '꿈이 복권 당첨의 원인'이라기보다 '복권 당첨 전에 우연히 꾸었던 꿈'에 불과하다. 이런 설명은 사후적 해석으로, 원인과 결과를 뒤바꾸는 논리적 오류를 내포하고 있다.

인류는 세상을 계속 측정하면서 불확실한 현상 속에서도 패턴이 존재한다는 것을 깨달았다. 출생성비가 균형을 이루는 현상이나 17세기부터 축적된 사망 기록을 통한 연령별 생존 패턴의 체계화는 우연성 속에 숨겨진 확률적 규칙성을 보여주는 사례들이다. 세상의 불확실성을 측정하고 정량화함으로써 인류는 위험을 감수하면서도 새로운 도전에 나섰다. 우리가 직면한 세상은 완전히 예측할 수 없는 혼돈의 영역이 아니라 확률적 패턴으로 이해할 수 있는 불확실성의 영역이라는 것을 알게 되었다.

불확실성의 정량화, 확률의 시작

불확실성은 확률로 측정된다. 확률은 특정 사건의 발생 가능성을 0과 1 사이의 수치로 표현함으로써 불확실성을 정량적으로 포착하는 언어다. 이는 일상에서 '운' 또는 '승률'이라는 개념으로 자연스럽게 표현되며, 발생 가능성이 클수록 1에 근접하고 낮을수록 0에 가까워진다는 특성을 갖는다.

확률의 개념은 도박에서 시작했다. 주사위놀이와 같은 게임은 실생활과 달리 동일 조건의 사건이 반복적으로 발생한다. 이런 반복성이 확률적 사고의 발전에 결정적인 요소로 작용했다. 도박사들은 이미 오래전부터 경험적으로 승률을 계산해왔으나, 17세기 중반에 이르러서야 이론적으로 체계화되었다.

1654년, 프랑스 도박사 슈발리에 드 메레는 자신이 고안한 도박 게임에서 경험적 승률이 예상과 다르다는 사실에 의문을 품었다. 도박이 중단되었을 때 공정한 상금 분배 방식에 대한 문제도 궁금했다. 이런 의문을 당대 최고의 수학자인 파스칼과 페르마에게 문의하면서 현대적 확률이론의 토대가 마련되었다. 두 수학자의 서신 교환을 통해 확률의 기본 개념들이 정립되었으나, 당시 뉴턴의 결정론적 고전물리학이 지배적이던 시대적 배경 때문에 확률이론은 상대적으로 널리 퍼지지 못했다.

확률이론은 18세기 초 스위스 수학자 야곱 베르누이의 연구를 통해 새로운 전환점을 맞이한다. 베르누이는 '대수의 법칙'을 통해 확률 개념을 일반화했다. 이 법칙은 어떤 사건의 정확한 발생 확률을 사전에 알지 못하더라도 충분히 많은 시행을 통해 얻은 경험적 비율이 실제 발생 확률에 수렴한다는 원리를 수학적으로 증명한 것이다.

베르누이 이전까지의 확률 개념이 주로 전제조건으로부터 결론을 논리적으로 도출하는 연역적 접근법에 기반했다면, 베르누이는 확률을 귀납적 관점에서 재정의했다. 구성비를 알 수 없는 빨간색과 파란색 공들이 담긴 주머니에서 무작위로 공을 계속 추출하는 상황을 생각해보자. 이때 파란색 공의 추출 비율을 충분한 시행 횟수를 통해 구해보면 그 비율이 실제 확률에 근접한다. 이는 관측 결과를 통해 확률을 추정하는 빈도론적 확률 개념이다. 베르누이는 확률의 추정값이 높은 신뢰를 얻으려면 수만 번의 시행이 필요하다고 계산했는데, 이 시행 횟수는 당시로는 현실적으로 수행하기 어려운 규모였다.[2]

차라리 동전을 던져라

동전을 던질 때 그림 면인 앞면이 나올 확률은 얼마일까? 누구에게 물어도 50%라고 할 것이다. 이 확률은 우리가 믿고 있는 주관적 확률이다. 이 믿음은 그동안 수많은 사람이 했던 동전던지기 결과를 사람들이 믿어 온 결과다. 손에 쥔 500원짜리 동전을 던져 앞면이 나올 확률도 50%일까? 확인하려면 이 동전을 수없이 많이 던져봐야 한다. 동전을 던지는 시행 횟수가 증가할수록 정확하게 50%는 아니지만 50%에 가까워진다. 컴퓨터 시뮬레이션으로 재현해보자. 10번, 100번, 1천 번 동전을 던져보면 다음 페이지의 그림과 같은 히스토그램이 구해진다.[3] 컴퓨터 프로그램으로 난수를 생성한 결과를 보면 동전을 던질수록 앞면의 비율이 0.5(수평 점선)에 수렴하는 현상을 관찰할 수 있다.

동전을 한 번 던져 어떤 면이 나올지 알 수 없다. 우연에 의해 앞면이 나올 수 있고 뒷면이 나올 수도 있다. 하지만 동전던지기를 계속하면 그 비율이 50%로 안정적으로 수렴된다. 마찬가지로

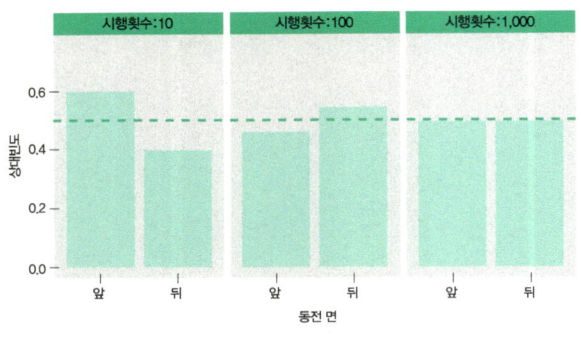
동전던지기: 시행 횟수별 앞면, 뒷면의 비율

특정 질병의 인구 대비 발병률도 어느 정도 일정하다. 개인 차원에서는 자신의 발병 여부를 예측할 수 없지만, 인구 집단 수준에서는 질병 발생 패턴이 통계적 규칙성을 보인다. 보험 시스템은 이런 집단적 확률 원리에 기초해 설계되었다.

동전던지기가 공정하다는 믿음 때문에 동전던지기는 역사적으로 중요한 의사결정 도구로 활용되었다. 1404년 조선 태종이 한양을 수도로 옮기는 과정에서 종묘에서 동전던지기인 척전(擲錢)[4]이 사용되었다.[5] 이때 한양이 2길(吉) 1흉(凶)으로 송도와 무악의 1길 2흉을 제치고 수도가 되었다. 1903년 동전던지기로 라이트 형제 중 누가 최초 비행을 할지 결정했다.[6] 2015년 캐나다 주의원 선거에서 두 후보가 동점표가 나오자 동전던지기로 당선자를 정했다.[7] 참고로 우리나라 공직선거법은 최고 득표자가 2인 이상일 경우 연장자가 당선된다.

동전던지기에 의한 결정은 축구 경기에서 흔하게 볼 수 있다.

축구장은 시간과 장소에 따라 햇빛과 바람이 한쪽에 유리하다. 따라서 동전던지기로 누가 먼저 공격하고, 어떤 지역의 골대를 차지할지 결정한다. 2023년 카타르에서 열린 아시안컵 16강전에서 우리나라는 사우디아라비아와 승부를 가리지 못해 승부차기를 했다. 이때 주심이 중계 카메라가 있다는 이유로 사우디아라비아 응원단 쪽 골대에서 승부차기를 하겠다고 했다. 우리나라 대표팀 주장 손흥민은 대회 규정에 따라 동전던지기로 골대를 정하자고 주심에게 요청했다. 주심은 할 수 없이 동전을 던졌는데, 우리나라 응원단이 있는 골대에서 승부차기를 진행했다. 이 승부차기에서 우리나라 대표팀이 사우디아라비아를 4 대 2로 이겼다.

 축구 경기의 승부차기는 확률적 불확실성이 극대화되는 극적인 순간이다.[8] 1970년대 이전 축구에서는 승부차기 없이 동전던지기로 경기 결과를 결정했다. 1956년 멜버른올림픽 아시아 예선 경기에서 우리나라와 일본이 각각 2 대 0으로 승리를 주고받은 후 동전던지기로 예선 통과 팀을 결정했는데, 아쉽게도 우리나라가 탈락했다. 2000년 골드컵에서도 비슷한 일이 일어났다. 우리나라와 캐나다가 예선 성적이 똑같아 동전던지기로 예선 통과 여부를 결정했다. 동전던지기에서 당시 우리나라 대표팀의 허정무 감독은 앞면을 선택했는데, 뒷면이 나와 우리나라가 탈락했다.[9]

 동전던지기가 실제로 공정한지는 실증적으로 검증해야 한다. 물리학적 관점에서 동전던지기는 시작 위치, 운동량 등 초기 조건에 의해 결정되는 역학 시스템이지만, 초기 조건의 미세한 변화가 결과에 결정적인 영향을 미치는 혼돈계의 특성을 보인다. 19세기 말, 통계학자 칼 피어슨은 2만4천 회의 동전던지기 실험에서 1만 1,988회의 앞면 결과(약 49.95%)를 관측했다. 2024년 프란티세크 바르토시 등 연구진 50명이 수행한 대규모 실험(35만757회 시행)에서는 동전의 시작 면과 같은 면으로 착지하는 비율이 50.8%로, 미세한 동일면 편향성이 존재함이 밝혀졌다.[10]

우리는 불확실한 세상에서 살고 있다. 미래가 너무 불확실해서 선택하기 어려울 때, 아무것도 선택하지 않기보다는 확률을 계산해서 위험을 감수하더라도 동전던지기와 같은 선택이 필요하다.

어떻게 생각을 업데이트할까

우리는 일상에서 끊임없이 불확실성과 마주하며, 이를 해석하기 위한 확률 체계를 발달시켜 왔다. 이 체계는 경험과 학습을 통해 형성된 '확률적 믿음'의 형태로 나타난다. 동전던지기에서 앞면이 나올 확률을 50%로 인식하거나 구름 낀 하늘을 보고 강수 확률을 60%로 추정하는 행위는 모두 측정 없이 구축된 개인적 확률, 즉 믿음의 산물이다.

확률 개념은 크게 두 가지 패러다임으로 나뉜다. 하나는 개인의 주관적인 믿음에 기반한 '주관적 확률'이며, 다른 하나는 동일 조건을 반복 시행해서 얻은 데이터에서 도출된 '빈도론적 확률'이다. 주관적 확률은 본질적으로 개인차가 존재하며, 새로운 정보가 추가될 때마다 갱신된다. 이론적으로는 어떤 사건이 무한히 시행되면 주관적 확률은 빈도론적 확률과 같아진다. 주관적 확률 체계에서는 초기 가정을 '사전확률'이라 하고, 데이터로 측정한 후 업데이트된 확률을 '사후확률'이라 한다. 이 두 확률 사이의 변환

메커니즘은 18세기 영국의 목사 겸 수학자인 토머스 베이즈가 정립한 '베이즈 정리'다.[11] 이 정리는 새로운 증거가 있을 때 우리의 믿음을 합리적으로 갱신하는 법을 알려준다.

우리는 종종 어떤 결과를 보고 원인을 추론해야 하는 상황에 놓인다. 즉 어떤 사건이 발생한 후 그 원인이 무엇인지 확률적으로 판단해야 하는 경우가 많다. 환자가 어떤 증상을 보일 때 그 사람이 특정 질병에 걸렸을 확률을 구하는 것이 대표적인 예다. 이처럼 결과(증상)가 주어졌을 때, 원인(질병)의 확률을 추정하는 역방향 접근 방식을 역확률이라고 하며, 베이즈 정리는 이를 가능하게 한다.[12]

자가진단키트를 사용했을 때 코로나19 양성반응이 나왔다고 가정해보자. 사람들은 대부분 양성반응이 나오면 감염되었다고 직관적으로 생각한다. 그러나 실제로 감염되었을 확률은 우리가 예상하는 것과 다를 수 있다. 진단키트의 정확도를 결정하는 요소로는 민감도(감염자를 양성으로 진단하는 비율)와 특이도(비감염자를 음성으로 진단하는 비율)가 있다. 식품의약품안전처는 민감도 90% 이상, 특이도 99% 이상의 자가진단키트만 허가하고 있다. 그런데 민감도와 특이도는 자가진단키트의 제조회사가 제공하는 정보일 뿐 나의 정보는 아니다.

코로나19와 같이 감염률이 높은 감염의 경우 진단키트의 정확도는 높은 편이지만, 그렇지 않으면 양성반응의 실제 예측력은 떨어진다. 어떤 질병의 유병률(전체 인구 중 비율)이 1%에 불과하고, 진단키트의 민감도 90%, 특이도 99%로 가정하자. 진단 결과 양성이 나왔을 때, 실제 질병에 걸렸을 확률은 얼마일까? 베이즈 정리를 적용하면 그 확률은 47.6%에 불과하다. 즉 양성 판정을 받았음에도 불구하고 실제로는 질병에 걸리지 않을 확률이 여전히 52.4%나 된다는 의미이다.[13] 이처럼 우리는 주어진 정보로부터 나의 정보로 바꾸는 일을 반복한다. 이는 결과로부터 원인을 찾는 역확률을 구해 판단하는 것이다.

역확률의 개념은 우리 일상 전반에 깊이 관여한다. 범죄 수사에서 특정 증거나 현장 목격만으로 용의자의 유죄를 단정할 수 없는 것은 베이즈 정리의 원리와 일맥상통한다. 의학적 진단에서도 특정 증상이 반드시 특정 질병을 의미하지 않으며, 고용 상황에서 면접 성과가 직무수행 능력을 완벽하게 예측하지 못하는 것도 같은 맥락에서 이해할 수 있다. 일상적인 판단의 상당 부분은 '원인에서 결과'가 아닌 '결과에서 원인'을 추론하는 역확률 문제에 해당한다. 따라서 직관적인 판단을 넘어, 베이즈 정리와 같은 체계적인 확률 추론을 적용함으로써 더욱 신뢰할 수 있는 의사결정이 가능해진다. 이런 확률적 사고는 불확실성으로 가득한 세계에서 합리적인 판단을 내리기 위한 필수 도구라고 할 수 있다.

보이는 것이 전부가 아니다

몬티 홀 문제는 1963년부터 방영되었던 미국 NBC 〈레츠 메이크 어 딜〉의 게임이다.[14] 이 문제의 명칭은 진행자 몬티 홀의 이름을 따다 지었다. 게임은 단순하다. 3개의 문 뒤에는 자동차 1대와 염소 2마리가 있다. 참가자가 나와 문 하나를 선택한다. 이후 진행자는 자동차가 없는(염소가 있는) 다른 문을 하나 열어준다. 참가자는 처음 선택을 고수할지, 아니면 남은 문으로 바꿀지 결정해야 한다. 만약 최종 선택한 문 뒤에 자동차가 있으면 참가자는 상품으로 자동차를 받는다.

  3개의 문 앞에 서 있는 자신을 상상해보자. 한 문 뒤에는 자동차가, 나머지 2개의 문 뒤에는 염소가 있다. 1번 문을 선택한 후, 진행자 몬티 홀은 염소가 있는 다른 문, 예를 들어 2번 문을 열어 보인다. 그리고 묻는다. "선택을 바꾸겠습니까?" 이 순간 사람들은 대부분 본능적으로 '바꿀 필요가 없다'고 생각한다. 어차피 남은 2개의 문 중 하나가 자동차라면 확률은 50 대 50이라고 믿기 때문이다. 확률이 같은데 또 바꿀 필요가 있을까 생각한다. 또는 진행자가 문을 보여주는 것은 내가 문을 바꾸도록 유도하는 의도가 있다고 생각한다.

우리가 수학능력시험을 볼 때, 답안을 고쳐 맞는 것은 잘 기억하지 못하지만 원래 맞았는데 고쳐서 틀린 문제는 두고두고 생각이 나기 마련이다. 이는 선택을 잘 바꾸지 못하는 직관이 빠지는 함정이다. 우리는 우연히 처음 선택한 것을 지키려는 경향이 있다. 선택을 바꿔 생기는 손실을 참지 못한다.

실제로 몬티 홀 문제는 베이즈 정리를 이용해서 그대로 있을 때와 바꿀 때의 확률을 구할 수 있다. 베이즈 정리는 첫 선택의 확률이 새로운 정보를 얻고 구한 확률로 어떻게 변하는지를 알려준다. 베이즈 정리로 계산해보면 새로운 선택으로 바꿀 때 자동차를 받을 확률은 기존의 1/3에서 2/3로 2배나 높아진다.[15] 수식으로 풀지 않고 수많은 시행을 통해서도 그 결과를 확인할 수 있다.[16]

우리는 왜 틀린 답을 고집할까? 그 이유는 우리 뇌의 편향 때문이다. 첫째, 한번 내린 결정을 바꾸는 것은 본능적으로 불안해한다. 우리는 바꾸지 않으면 실패의 책임도 덜어질 것이라고 생각한다. 둘째, 우리는 확률적으로 계산하기보다는 이야기적 사고에 익숙하다. 몬티 홀이 문을 여는 행위가 확률을 어떻게 바꾸는지 생각하기보다는 '몬티 홀이 나를 속이려는 건 아닐까?' 같은 상상에 빠져들기 쉽다.

이 게임의 확률적 논리를 직관적으로 이해하려면 문의 개수를 확장한 사고실험이 효과적이다. 100개의 문이 있고 그중 99개에는 염소가, 단 하나의 문에만 자동차가 있다고 가정해보자. 참가자가 한 문을 선택한 후, 진행자는 나머지 99개의 문 중에서 염소가 있는 98개 모두를 개방한다. 이 상황에서는 대부분이 선택을 변경하는 것이 유리하다는 사실을 직관적으로 인식한다. 최초 선택이 자동차일 확률은 1/100에 불과하지만, 선택을 변경하면 이 확률이 99/100로 급증하기 때문이다. 이는 정보의 비대칭성과 조건부 확률의 영향력을 극명하게 보여주는 사례다.

몬티 홀 문제는 우리의 직관이 때로는 확률적 사고와 얼마나 큰 괴리를 보이는지 알려준다. 우리의 뇌는 진화 과정에서 즉각적이고 단순한 판단을 선호하도록 발달했지만, 현대사회의 복잡한 문제 앞에서는 오히려 이런 직관이 걸림돌이 될 수 있다. 몬티 홀이 문을 여는 행위는 확률분포를 바꾸는 중요한 정보를 제공한다. 그러나 우리는 이 정보를 종종 과소평가한다. 우리는 '보이는 것이 전부'라고 생각한다. 몬티 홀 문제는 이처럼 새로운 정보를 고려해 판단을 바꾸는 것이 얼마나 중요한지를 보여준다.

"기회는 준비된 자에게 온다." 이 익숙한 격언은 몬티 홀 문제의 본질을 잘 담고 있다. 운에 맡기는 것이 아니라 주어진 정보의 가치를 인식하고 이를 얼마나 잘 활용하느냐가 더 나은 결과를 결정한다. 이 게임에서 '문을 바꾸는 것'은 우리가 얼마나 열린 마음으로 새로운 가능성을 받아들일 수 있는지, 그리고 얼마나 용기 있게 변화를 수용할 수 있는지를 시험하는 행위다.

아름다운 확률분포, 정규분포

키, 체중, 시험 점수, 기온 변화, 경제 데이터 등의 실제 데이터를 측정해서 히스토그램을 그려보면 데이터 대부분은 평균 근처에 분포하며, 극단적인 값은 드물다. 히스토그램을 잘 연결해 평활화해서 모습을 정리해보면 우리에게 잘 알려진 종 모양의 아름다운 확률분포(점선)가 나타난다.[17]

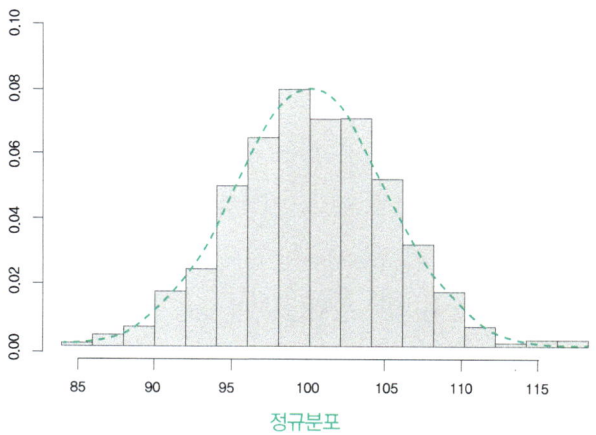

정규분포

이 분포가 다름 아닌 정규분포다. 모양은 아름답지만, 수식은 복잡하다. 정규분포 $N(\mu, \sigma^2)$의 확률분포(확률밀도함수)는 다음과 같이 정의된다.

$$f(x) = \frac{1}{\sqrt{2\pi}\sigma} e^{-\frac{(x-\mu)^2}{2\sigma^2}}$$

정규분포의 모습은 중심값인 평균 μ(뮤)와 흩어진 정도인 표준편차 σ(시그마)에 의해 결정된다. 여기서 e는 자연상수(약 2.718)이며, π는 원주율(약 3.1416)이다. 정규분포는 평균을 중심으로 좌우 대칭을 이루며, 평균값이 최빈값과 같다. 정규분포에서는 평균을 중심으로 ±1 표준편차 내에 전체 데이터의 약 68%, ±2 표준편차 내에 약 95%, ±3 표준편차 내에 약 99.7%가 포함된다.

18세기 수학자 아브라함 드무아브르는 도박과 확률을 연구하는 과정에서 흥미로운 패턴을 발견했다. 그는 동전을 여러 번 던졌을 때 앞면의 수는 이항분포를 따른다. 동전던지기 횟수를 충분히 늘리면 앞면의 수는 종 모양의 정규분포를 따른다는 사실을 발견했다. 19세기 초, 독일의 수학자 가우스는 별의 위치를 관측하는 과정에서 정규분포를 오차의 분포로 이용했다. 이어 1810년 라플라스는 표본 수가 커지면 표본평균이 정규분포에 수렴한다는 중심극한정리를 증명했다. 이런 발견 덕분에 정규분포는 무수한 자연현상과 사회현상을 모형화하는 데 활용되었다. 19세기 후반, 칼 피어슨은 자연현상(예: 신체 측정값, 시험 점수, 실험 데이터 등)

의 분포를 연구하면서 이 패턴을 따르는 분포가 많아 이 분포를 정규분포라고 불렀다.

정규분포는 우리가 의식하지 못하는 사이에 다양한 분야에서 활용되고 있다. 예를 들어 우리나라의 수학능력시험 성적 산출 방식에서 정규분포가 중요한 역할을 한다. 수능에서는 학생들의 성적을 1등급부터 9등급까지 나누는데, 이는 정규분포를 기반으로 일정한 비율로 결정된다.[18] 성적이 가장 높은 1등급과 가장 낮은 9등급의 비율은 각각 4%이며, 2등급과 8등급은 7%, 5등급은 20%를 차지한다. 이런 방식 덕분에 시험의 난이도와 관계없이 학생들의 성적을 공정하게 평가할 수 있다.

정규분포는 제조업에서 품질관리에도 사용된다. 1986년 모토롤라에서 개발한 6시그마는 제품의 불량률을 최소화하는 품질 혁신 전략이다. 이후 GE를 비롯한 여러 글로벌 기업이 이를 도입했고, 우리나라의 많은 제조업체도 활용하고 있다. 여기서 '시그마(σ)'는 정규분포에서 표준편차를 의미하며, 6시그마 수준은 제품의 불량률이 10억 개 중 2개 정도로 극히 낮아진 상태를 의미한다. 즉 기업은 6시그마 품질 혁신으로 거의 완벽한 품질의 제품과 서비스를 유지해서 소비자들로부터 더 높은 신뢰를 얻었다.

금융시장에서도 정규분포는 중요한 도구로 활용된다. 옵션 가격을 결정하는 금융 모형은 자산의 가격 변동이 정규분포를 따른다고 가정하고 있으며, 투자에서 발생할 수 있는 손실 확률을 계산할 때도 정규분포를 이용한다. 현대 포트폴리오 이론에서는 정규분포를 기반으로 투자 수익과 위험을 분석하고, 이를 바탕으로 최적의 투자 전략을 설계한다. 이런 방식은 금융시장의 움직임을 보다 체계적으로 예측하고 분석하는 데 기여한다.

  이처럼 정규분포는 시험 성적을 평가하고, 제품의 품질을 관리하며, 금융시장에서 리스크를 예측하는 등 다양한 분야에서 활용되며 우리의 삶에 큰 영향을 미치고 있다.

슈뢰딩거의 고양이는
살아 있을까

 통계학을 공부하다 보면 여러 문턱이 있는데, 가장 높은 문턱 중 하나는 확률변수와 데이터를 구분하는 것이다. 이를 구분하지 못하면 우리가 알고자 하는 불확실한 세상과 우리가 측정한 데이터 세상을 연결하기 어렵다.

 확률변수는 분석하고자 하는 세상(표본공간)에서 일어날 수 있는 모든 가능한 사건을 숫자로 바꾸는 함수다. 세상의 사건들은 모두 숫자가 아니다. 숫자로 바꾸지 않으면 수학 연산과 컴퓨터 이용에 어려움이 있다. 예를 들어보자. "내일 비가 올까, 눈이 올까, 맑을까?"라는 질문을 '1, 2, 3'이라는 숫자로 바꿔 분석한다면, 내일 날씨라는 확률변수를 만든 것이다. 마찬가지로 주사위를 10번 던져 6이 나온 횟수, 버스를 기다리는 시간 등도 실제 그 사건이 일어나기 전이라면 확률변수다. 확률변수들은 값에 따라 나름의 확률을 가지는데, 이를 확률분포라고 부른다. 우리가 흔히 보는 종 모양의 정규분포도 이 확률분포에 해당한다.

반면에 데이터는 확률변수가 현실세계에서 구체적으로 실현된 값, 즉 측정을 통해 확정된 수치다. 주사위 10회 던지기에서 실제로 관측된 '6의 출현 횟수 2회'나 '버스 대기시간 10분'과 같은 값은 이제는 불확실성의 영역이 아닌, 확정된 데이터의 영역에 속한다. 데이터는 이미 실현된 사실로서 고정불변한 값이다. 같은 확률변수를 반복 측정하면 매번 다른 데이터가 생성될 수 있지만, 일단 측정된 데이터 자체는 변하지 않는다.

확률변수와 데이터의 개념적인 구분을 명확히 이해하는 데 도움되는 실험이 오스트리아 물리학자 슈뢰딩거가 고안한 양자역학 사고실험인 '슈뢰딩거의 고양이'다.[19] 이 사고실험에서는 밀폐된 상자 안에 고양이, 독가스가 든 병, 방사성물질인 라듐, 방사능 감지기, 그리고 독가스 병을 깨뜨릴 망치가 있다. 라듐 핵이 붕괴하면 감지기가 이를 감지하고 망치를 작동시켜 독가스를 방출해서 고양이가 사망하는 구조다.

1시간 뒤 라듐의 핵이 붕괴할 확률이 50%라 하자. 그러면 1시간 뒤 상자를 열었을 때 고양이는 살았을까? 상자의 문을 열어 고양이의 생사를 관측해서 확인하면, 이제는 고양이 생사의 확률분포는 존재하지 않고 '죽었다' 또는 '살았다'라는 데이터가 된다. 이는 "고양이는 상자를 열기 전에는 산 상태와 죽은 상태가 중첩되어 있으나 관측하는 순간 한 상태로 확정된다"라는 코펜하겐 해석과 같다. 1시간 뒤 고양이가 죽거나 사는 것은 일종의 확률변수다. 고양이의 생사 여부라는 확률변수는 생사에 따라 1과 0으로 표현되며 생존 확률이 0.5인 베르누이 분포를 따른다. 다시 정리하면 상자를 열어 확인하기 전까지 고양이의 생사는 불확실한 상태, 즉 확률분포로만 존재하지만, 상자를 여는 순간 고양이의 상태는 관측되어 확정된다.

매주 사람들은 1억 장이 훨씬 넘는 로또복권 중 한 장을 사고, 설레는 마음으로 매주 토요일 밤에 로또복권 추첨 결과를 기다린다. 로또는 45개의 숫자 가운데 6개의 숫자를 맞히는 복권이다. 공 45개가 들어 있는 통 안에서 6개의 공을 임의로 뽑고, 이 숫자와 본인이 사전에 정한 숫자를 비교해서 등위가 결정된다. 45개의 공 중에서 6개를 뽑는 경우의 수는 814만5,060이다. 따라서 1등은 그 모든 조합 중 하나이므로 1등에 당첨될 확률은 814만5,060분의 1이고, 5등 이상 당첨될 확률은 2.36%다. 토요일 밤 8시 35분, 로또 번호 추첨 결과가 생방송으로 발표되기 전까지 로또복권의 당첨 여부는 슈뢰딩거의 고양이처럼 당첨과 낙첨이 중첩된 상태로 존재하는 확률변수다. 추첨 결과가 발표되면 누군가는 1등이 되고, 대부분 휴지조각이 되는 데이터로 변한다.

로또복권 10장을 자동으로 숫자를 정해 샀다고 하자. 이 복권의 당첨 여부는 토요일 8시 35분이 되어야 알 수 있다. 복권 10장 중 5등 이상은 몇 개나 당첨될까? 토요일 오후 8시 35분 전에는 당첨된 복권 수는 확률변수다. 하나도 당첨되지 않을 수 있고, 모두 당첨될 수도 있다. 8시 35분 전까지는 1등 당첨을 꿈꾼다. 이 복권들 중 당첨 복권의 수는 어떤 확률분포를 따를까? 바로 이항분포다. 복권 1장이 당첨될 확률이 0.0236이고 총 10번의 시행이 있으므로 당첨 복권의 수는 시행 횟수가 10이고 성공 확률이 0.0236인 이항분포를 따른다. 로또 추첨이 끝난 후 내가 산 복권 중 당첨된 복권의 수는 이제는 확률변수가 아닌 고정된 데이터다. 데이터는 이미 실현된 결과, 즉 불확실성이 제거된 값이다.

우리는 측정을 통해 수많은 데이터를 얻고 있다. 데이터로부터 이용되는 히스토그램을 그리고, 평균과 분산을 계산하며, 각종 통계적 추론을 수행하는 데이터 분석을 한다. 이때 사용되는 통계적 방법들은 일정한 가정하에 구해진 확률변수를 기반으로 만들어진 것이다. 우리가 아는 통계적 추론은 확률변수로 설명되어 있다. 통계적 추론은 불확실한 세상(모집단)에서 여러 개의 확률변수를 임의로 뽑는다고 가정하고, 모집단을 가장 잘 추정할 수 있는 도구를 수학을 이용해 연역적으로 찾아내는 것이다.

이 도구들은 다름 아닌 표본평균과 같은 확률변수들의 함수(수식)인 통계량이다. 통계량은 확률변수들의 함수이므로 이 역시 확률변수다. 데이터들이 수집되면 그때 구한 평균은 고정된 값이지만, 확률변수로 구한 표본평균은 나름의 분포를 가진다. 확률변수 표본평균은 표본수가 커지면서 모집단의 평균에 수렴하고(대수의 법칙), 모집단의 분포와 관계없이 그 분포가 정규분포에 근사한다(중심극한정리).[20]

이런 통계적 사고의 여정에서 우리가 주의해야 할 점은 데이터와 확률변수를 구분하는 것이다. 실제 관측된 데이터는 확정된 값이지만, 이를 생성하는 확률적 메커니즘을 이해하는 것이 통계적 사고의 핵심이다. 이를 통해 우리는 불확실성의 베일에 가려진 세상의 진실을 조금씩 발견해나갈 수 있다.

파스칼의 선택 기준

로또복권은 45개 숫자 중 6개를 뽑는 것이므로 모든 번호를 조합한 수는 814만5,060이다. 81억4,506만 원을 주고 모든 번호의 조합을 사면 1등은 물론 모든 등수의 상금을 받을 수 있다. 얼마일까? 로또복권 사이트에 가면 총 당첨금이 구매 금액의 50%로 이미 정해졌으므로 대략 40억7,253만 원이 된다. 물론 다른 사람이 어떤 조합으로 샀는지에 따라 상금은 변동된다. 이를 다시 1천 원당으로 나눠 정리하면 복권 1장의 기댓값은 500원이 된다. 우리는 복권을 살 때 500원과 꿈을 1천 원과 바꾸는 것이다.

이처럼 우리는 세상의 확률분포에서 일어날 수 있는 모든 것을 고려해서 기댓값을 구하는데, 기댓값은 통상 분포의 무게 중심이다. 정규분포에서 평균(뮤, μ)에 해당하는 값이다. 우리는 세상을 살펴볼 때 세상의 중심이 어디인지를 살펴보는 것이 일반적인데, 이 중심값이 다름 아닌 기댓값이다. 기댓값은 확률변수의 발생 확률뿐만 아니라 해당하는 값까지 고려한 것으로 투자 등에서 선택의 기준이 된다.

　1992년 2월, 미국 버지니아주 복권의 누적 예상 당첨금은 2,700만 달러였다. 모든 숫자를 조합한 버지니아주 복권을 전부 사면 약 700만 달러가 소요되므로 기대되는 당첨 금액이 구입액의 3배였다. 스테판 만델이 이끄는, 호주 멜버른의 투자그룹에서는 투자자 2,500명으로부터 투자를 받아 이 복권의 모든 숫자 조합을 사기로 했는데, 실제로는 복권을 다 사지 못했지만, 이미 사들인 복권에 1등이 포함되어 투자에 크게 성공했다. 그는 조합 가능한 수의 3배 이상으로 잭팟이 큰 복권을 찾고, 투자금을 모아 모든 조합의 복권을 사서 상금을 받고 이익을 배분했다. 그는 이와 비슷한 방식으로 복권에 14번 당첨되었다.[21] 2003년 4월 12일 제19회 우리나라 로또복권의 열풍은 대단했다. 그 회의 경우 이전 회 미당첨 이월금의 여파로 복권이 많이 판매되었고, 1등이 1명일 경우 1등의 상금은 407억 원 정도가 되었다. 이처럼 로또복권의 기대 금액이 크면 로또복권을 사는 것이 합리적인 선택이 된다.

　17세기의 천재 수학자이자 철학자 파스칼은 인간이 불확실성 속에서 어떻게 합리적인 결정을 내릴 수 있는지 고민했다. 그 결과로 탄생한 것이 그의 유명한 사고실험, '파스칼의 내기'다. 이는 현대 의사결정이론의 첫걸음이다.[22] 독실한 기독교인인 파스칼은 다음과 같은 질문을 던진다.

　"신이 존재하는지 알 수 없다면, 우리는 신을 믿어야 할까 믿지 말아야 할까?"

이 질문에 대해 그는 신을 믿는 것과 믿지 않는 것을 네 가지 시나리오로 나눠 분석했다. 신의 존재 여부와 믿음 여부에 따라 네 가지 경우를 고려할 수 있다. 파스칼은 다음과 결론을 냈다.

"신이 존재하는데 믿지 않으면 영원한 형벌을 받고 신을 믿으면 영원한 행복을 얻는다면, 신이 존재할 확률이 아주 낮더라도 신을 믿는 것이 합리적이다."

이는 선택할 때 단순히 확률만 보는 것이 아니라 결과의 값과 확률을 함께 고려한 기댓값을 판단의 기준으로 삼아야 한다는 것을 보여준다.[23] 이 개념은 오늘날 투자, 보험, 환경 정책 등 다양한 분야에서 핵심 원칙으로 작용하고 있다. 예컨대 보험료를 계산할 때 사고 발생 확률과 그로 인한 손실의 크기를 함께 고려하는 방식이 바로 이것이다. 확률이 아무리 낮더라도 결과의 가치가 무한히 크거나 작다면 그 가능성을 무시할 수 없다. 예를 들어 기후변화가 가져올 파국의 확률이 낮더라도 그 결과가 전 지구적인 재앙이라면 이를 방지하기 위해 행동하는 것이 합리적이라는 의미다.

파스칼의 의사결정이론은 신학적 논의에 머물지 않고 일상적인 선택의 순간에도 적용될 수 있다. 진로를 선택할 때 단기적인 안정성이나 수입뿐 아니라 그 선택이 가져올 장기적인 가능성과 잠재적 가치를 함께 고려해야 한다. 창업에서 실패 가능성이 크더라도 성공했을 때 얻는 가치가 매우 크다면 여전히 의미 있는 선택이 될 수 있다.

2장

세상의 조각으로 전체를 읽다

우리는 세상 일부만 보고, 듣고, 느낀다. 시각, 청각, 촉각, 후각, 미각 등 우리의 오감으로 세상을 알아가지만, 오감은 제한이 많다. 우리 눈으로 자외선, 적외선 등 빛의 일부 파장을 볼 수 없고, 아주 미세한 소리나 너무 큰 소리는 들을 수 없다. 후각, 촉각, 미각도 마찬가지다. 우리는 세상 '전체'를 경험하는 것이 아니라 세상의 아주 작은 조각들을 감각기관을 통해 받아들이고, 뇌는 퍼즐 조각을 맞추듯 이 불완전한 정보들을 모아 그럴듯한 전체 그림을 만들어 생각한다. 눈앞의 나무 몇 그루로 숲의 생태계를 상상하고, 구름을 보고 날씨를 추측하듯 말이다. 이런 방식은 통계학이 세상을 이해하려는 방식과 비슷하다. 통계학의 두 번째 가정은 우리는 세상을 다 알 수 없다는 것이다. 따라서 접근 가능한 세상 일부로 전체 세상을 추측할 수밖에 없다.[1]

하나를 보면
열을 안다

17세기 초에 발간된 소설 《돈키호테》에 와인감별사들 이야기가 나온다.[2] 이들이 큰 통의 와인을 맛본 후 와인에서 '쇠 맛'과 '가죽 맛'이 난다고 주장했다. 와인 통의 주인은 자신의 와인에는 그런 불순물이 들어갈 리 없다고 주장했는데, 와인 통이 비워진 후 통 바닥에서 "가죽 끈이 달린 쇠 열쇠"가 발견되었다. 《돈키호테》 영역본에서는 이와 관련해 "작은 표본으로 전체를 판단할 수 있다(By a small sample we may judge the whole piece)"라고 표현했다.[3] 이는 부분을 관찰해서 전체에 대한 더 큰 통찰을 얻을 수 있다는 인간의 귀납적 추론 능력을 표현하는 문구로, 통계학에서 일부로부터 전체를 추정하는 원리를 나타낸다.

우리는 커다란 냄비에 된장국을 끓일 때 국물의 맛을 알기 위해 국을 국자로 잘 섞은 후 한두 숟가락만을 떠서 맛보고 국 전체의 맛을 판단한다. 시장에서 수박을 팔 때 판매상은 여러 수박 중 하나를 골라 썰어 그 맛을 보게 해서 고객이 전체 수박 맛을 추정하게 한다. 국과 수박 전체의 맛이 궁금하지만 모두 먹어볼 수 없어 일부로 전체 맛을 추측하듯 우리가 알고 싶은 전체 집단의 특성도 모든 구성원을 조사하지 않고 일부만 살펴봄으로써 파악할 수 있다. 이처럼 알고 싶은 전체에서 일부를 뽑아 조사해서 살펴보는 것을 표본조사라고 한다. 표본조사를 통해 우리는 여론을 파악하고, 제품의 품질을 파악하고, 호수에 사는 물고기 수를 추정한다.

여기서 통계학의 기본 용어 몇 가지 살펴보자. 통계학에서는 알고자 하는 전체 세상을 모집단, 세상(모집단)의 일부를 표본이라고 부른다. 모집단을 뜻하는 영어 population은 사람들, 민족을 뜻하는 라틴어 populus에서 유래했는데, 17세기 인구조사에서 '인구'라는 개념이 본격적으로 이용되었다. 이 용어는 19세기 라플라스와 케틀레를 거치면서 '관심 대상이 되는 모든 가능한 개체의 집합'이라는 추상적인 개념으로 발전했다. '표본'은 예시, 본보기를 뜻하는 라틴어 exemplum에서 파생했는데, '더 큰 전체에서 추출된 일부'를 의미한다. 우리는 부분(표본)을 통해 전체(모집단)를 얼마나 이해할 수 있을까? 표본은 모집단을 대표할 수 있을까? 표본이 모집단을 대표한다면 표본을 측정해서 모집단에 대한 신뢰할 수 있는 추론을 할 수 있고, 이와 관련된 방법이 통계학이다.

중요한 것은 항해하는 방법

1995년 O.J. 심슨 재판은 당시 미국을 가장 떠들썩하게 한 사건이었다.[4] 당시 필자는 미국에서 공부 중이었는데, TV에서 종일 이 재판 뉴스나 실황만 나왔다.[5] O.J. 심슨 재판에 변호사 측 증인 중 한 명은 당시 미국 UC 버클리 통계학과 교수인 테리 스피드였다. 그는 DNA 통계 분석의 대표적인 연구자였는데, 재판에서 증인으로 나와 DNA 데이터 오염과 관련해 증언했던 기억이 난다. 통계학은 과학수사와 비슷한 부분이 있다.

우리가 복잡한 퍼즐을 맞춘다고 해보자. 퍼즐 각 조각이 전체 그림의 일부이지만, 조각을 어느 정도 모으면 전체 그림을 추측할 수 있다. 통계학자와 과학수사관은 모두 파편화된 정보(증거)로부터 의미 있는 전체 그림(사건의 진실)을 추측한다는 점에서 유사하다.

통계학자는 주로 표본을 측정한 데이터를 바탕으로 세상(모집단)에 대한 일반적인 결론을 도출한다. 과학수사관은 여러 증거를 분석해서 사건의 흐름을 추측하고 용의자의 흐름을 파악한다. 이 점에서 통계학자와 과학수사관은 불확실성을 귀납적 추론으로 다루는 전문가다.[6] 물론 통계학자와 과학수사관이 귀납적 추론만 하는 것은 아니다. 추론 과정을 자세히 보면 연역적 추론, 가설 연역적 추론도 혼합되어 있다.

통계학자는 표본으로 모집단의 특성을 추정한다. 신약 임상시험에서 1천 명 중 70%가 효과를 보였다면, 전체 환자군에서도 비슷한 효과가 있으리라 추론한다. 과학수사관은 여러 범죄 현장에서 같은 증거가 발견된다면 동일범일 가능성이 크다고 추론한다. 이 두 분야 모두 '부분'에서 '전체'를 구성해내는 귀납적 추론을 실천한다. 하지만 통계학과 과학수사는 그 접근 방식에 차이가 있다. 통계학자는 표본 추출, 실험 설계, 가설검정과 같은 방법을 사용해서 데이터의 패턴을 분석하지만, 과학수사관은 현장 보존, 증거 수집과 법의학적 분석을 통해 범죄가 어떻게 일어났는지 재구성한다.

귀납적 추론으로 세상을 이해할 때 통계학자가 직면하는 가장 큰 도전 중 하나는 표본의 대표성이다. 의약품의 효과를 검증할 때 참가자가 모두 건강한 20대 남성이라면, 이 결과를 전체 인구에 일반화할 수 있을까? 마찬가지로 과학수사관은 현장의 훼손, 증거의 오염 가능성과 싸운다. 통계학자와 과학수사관이 표본의 대표성과 증거 오염의 논란에서 벗어나려면 공정한 방법론(절차)을 엄격하게 준수해야 한다. 이런 방법론(절차)이 증거들이 우연히 발생한 것이 아니라는 것을 밝히는 데 도움을 준다.

통계학에서 자주 언급되는 경고는 "상관관계가 인과관계를 의미하지는 않는다"다. 아이스크림 판매량과 익사 사고가 같은 시기에 증가한다고 해서 아이스크림이 익사 사고를 유발하는 것은 아니다. 둘 다 여름이라는 공통 원인에 영향을 받는 것이다. 과학수사에서도 마찬가지다. 용의자의 지문이 범죄 현장에서 발견되었다고 해서 반드시 그가 범인인 것은 아니다. 그는 범행 전이나 후에 합법적으로 그곳을 방문했을 수도 있다.

귀납적 추론의 한계에도 불구하고 통계학과 과학수사는 증거에 기반한 최선의 판단을 내리는 데 도움을 준다. 우리는 모두 일상에서 불확실한 세계에서 판단하는 방법을 아는 통계학자이자 과학수사관이다. 우리는 불확실성의 바다를 항해하고 있다. 여기서 중요한 것은 완벽한 지도가 아니라 항해하는 방법을 아는 것이다. 지도가 완벽하다고 해도 지도 활용법을 모르면 무용지물이다. 하지만 항해하는 방법을 알고 있다면 지도가 부정확하거나 없더라도 환경과 상황에 맞게 대처할 수 있다. 살아갈 때도 마찬가지다. 완벽한 계획을 세우는 것보다 변화하는 세상을 추측해서 대응할 수 있는 지혜가 더 중요하다.

표본조사는 언제부터 시작했을까

세상을 알아가는 첫 번째 방법은 대상을 조사해보는 것이다. 대표적인 조사로는 인구수 조사(인구조사)가 있다. 인구조사는 정부가 군사를 모집하고 세금을 징수하기 위해 바빌론 시대, 로마시대, 고대 중국에서 모두 이루어졌다. 1788년 발효된 미국 헌법 제1조 제2항 제3절에 인구조사를 통해 각 주의 하원의원 의석수를 결정하고, 이에 따라 선거구를 조정하는 기초자료로 삼도록 규정하고 있다. 이 조항에 따라 1790년에 미국 인구조사가 시행되었고, 이후 10년 단위로 이루어지고 있다. 이 인구조사는 인구 전체를 모두 조사하는 전수조사다. 우리나라도 삼한시대부터 조선시대에 이르기까지 호구조사라는 이름으로 인구조사를 실시했다. 해방 이후 인구주택총조사가 5년 단위 현장 전수조사로 시행되다가 2015년부터 행정 자료를 이용한 매년 등록센서스로 전환되어 오늘에 이르고 있다. 인구조사는 기본적으로 전수조사여서 조사 비용과 시간이 많이 든다.

전수조사가 아닌 일부 조사로 전체를 추정하는 표본조사는 17세기쯤부터 등장했다. 영국의 통계학자 존 그랜트는 1662년 일부 교구의 신도 명부로부터 11개 가정에서 연간 3건의 사망이 평균적으로 발생한다는 사실을 발견하고, 이 비율을 런던 전체 교구에 적용해 런던에서 연간 발생하는 총사망자 수와 전체 가구 수를 추정했다. 그리고 당시 평균 가구원을 8명으로 가정하고 런던의 총인구를 38.4만 명으로 추정했다. 프랑스 수학자 라플라스도 1812년, 그랜트와 비슷한 방법으로 프랑스 인구를 추정했다. 19세기 초반까지는 부분으로 전체 인구를 추정할 때 표본을 몇 명으로 선정할지에 대한 기준이 없었다.

이런 표본조사가 19세기 후반에 확률이론과 결합하면서 20세기 초 현대적인 표본조사가 자리를 잡았다. 체계적인 표본조사라고 할 수 있는 첫 조사는 1895년 노르웨이 통계국을 만든 안데르스 셰르가 실시한 퇴직 및 질병 보험 도입과 관련된 조사다. 그는 이 조사에서 대표표본추출 방법을 이용했다. 한편 런던대학교의 교수 아서 보울리는 모집단에서 무작위로 표본을 충분히 추출하면 그 추정값이 정규분포를 따른다는 사실을 보이고, 모집단에서 표본을 임의로 뽑는 임의추출법을 주장했다. 1924년 국제통계대회는 전체 조사를 수행하기 어려운 경우 표본조사가 전수조사의 대안이 될 수 있음을 인정했고, 셰르와 보울리의 방법을 모두 타당한 표본조사 방법으로 인정했다.

1934년, 폴란드 통계학자 예지 네이만은 표본조사 방법을 혁신했다. 그는 모집단을 여러 개의 층으로 나눈 후, 각 층에서 표본을 임의로 추출하는 층화표본추출을 제안했다. 각 층에서 적절한 크기의 표본을 선택하면 전체를 정확히 파악할 수 있다. 네이만은 각 층의 표본 크기는 해당 층의 변동성에 비례해서 결정하는 방법을 제안하기도 했다. 그의 확률 표본추출 방식은 연구자가 주관적으로 대표적인 표본을 선택하는 방식인 셰르의 방법보다 우수했다. 네이만의 연구는 표본조사의 과학적 기초를 마련하고, 확률 표본추출 방법이 공식 통계 및 사회 연구에서 표준이 되는 계기가 되었다.

제2차 세계대전 이전까지는 주로 전수조사가 이루어졌다. 표본조사는 실험적인 수준에서만 활용되었다. 제2차 세계대전 이후 경제적인 이유와 통계 기법의 발전으로 표본조사가 공식적인 통계 작성 방식으로 자리잡았다. 이후 표본조사는 여론조사와 시장조사에도 큰 영향을 미쳤다.[7] 우리나라 여론조사는 1987년 대통령선거 때부터 정확도가 높은 것으로 인정받아 선거 후보 결정, 정책 판단 등의 기초자료로 광범위하게 수시로 진행되고 있다.

모집단을 대표하는 표본을 뽑을 수 있을까

표본이 모집단을 잘 대표하려면 어떻게 뽑아야 할까? 기본적으로 국을 잘 섞은 다음 몇 숟갈 먹어서 맛을 보듯이 모집단을 섞어 표본을 임의로 뽑아야 한다. 모집단을 층을 나눠 그 안에서 임의로 뽑기도 하고, 군집으로 구분해서 군집을 임의로 뽑아 조사하기도 한다.

사실 사람들의 의견은 다양한 변수로 결정되는데, 이를 모두 반영할 수 있는 표본을 선택하기는 어렵다. 여론조사 등에서 표본을 어떻게 뽑을지 설계할 때 성, 연령대, 지역을 주로 고려해서 임의로 뽑을 뿐 나머지 요인은 고려하기 어렵다. 조사 환경이 나빠지면서 응답 비율이 10%를 밑도는 경우가 있어서 표본이 모집단을 대표한다고 보기 어렵다.

모집단에서 표본을 임의로 뽑지 않을 때는 오류가 발생할 수밖에 없다. 2002년 미국 솔트레이크시티 동계올림픽 당시 우리나라 김동성 선수는 1,500미터 결승전에서 1위로 들어왔으나 미국 선수 아폴로 안톤 오노의 할리우드액션으로 인해 실격되어 메달을 놓치고 말았다. 심판들의 편파 판정으로 김동성 선수가 실격 처리되자 우리나라 네티즌들은 분노로 들끓었다. 당시 《스포츠서울》 기사는 다음과 같다.

"2002 솔트레이크 동계올림픽 공식 홈페이지와 NBC방송 올림픽 홈페이지에서는 '김동성의 실격 처리가 정당한가'에 관한 라이브 폴이 진행 중이다. 2월 21일 4시 10분 현재 36만5,220명이 참여해 97%가 '판정에 문제가 있다'고 투표해 압도적인 지지를 보였다."

우리나라 사람이라면 대부분 '판정에 문제가 있다'고 말했겠지만, 미국 사람이라면 다른 반응을 보였을 수도 있다. 많은 사람이 그렇게 응답했다고 해서 그것이 전 세계인의 의견이라고 단정할 수는 없다. 판정이 잘못되었다고 보는 비율이 높을 수는 있지만, 97%라는 높은 수치는 우리나라 네티즌들이 분노로 이 투표에 적극적으로 참여했을 가능성이 크다. 이처럼 모든 자발적인 조사는 유사한 특징을 가진다. 방송사의 각종 인기투표가 그 예이며, 선거나 정책에 영향을 미치는 기사나 유튜브의 '댓글', '좋아요' 역시 마찬가지다.

2002년 대통령선거 중 노무현·정몽준 후보 단일화 당시, 여론조사가 후보를 선택하는 수단으로 활용되었다.[8] 이후 국회의원선거와 대통령선거에서도 각 당의 후보 선정을 위해 여론조사가 활용되고 있다. 그러나 응답률이 낮은 상황에서 여론조사를 통해 후보를 결정하는 것은 여러 문제를 일으킬 수 있다. 대부분은 응답하지 않는 반면에 특정 후보를 지지하는 사람들이 적극적으로 참여하거나, 표본 설계의 허점을 이용해 다른 연령대의 응답자인 척 거짓으로 답변할 가능성이 있기 때문이다.

실제로 표본 설계에 따라 연령, 성별, 지역별로 가중치가 다르게 적용된다. 이러면 자발적인 응답과 허위 응답으로 인해 특정 성향이 있는 응답자들이 과도하게 대표되어 표본이 실제 모집단을 반영하지 못한다. 그 결과 여론조사의 통계학적 과학성은 훼손되고, 여론조사 결과는 통계라는 이름을 빌린 거짓말이 된다. 여론조사는 말 그대로 여론을 파악하기 위한 도구일 뿐 최종 후보를 결정하는 수단이 되어서는 안 된다. 여론조사가 결정 도구가 되는 순간 그 결과는 더이상 진정한 의미의 여론이라 할 수 없다.

여론조사는 왜 틀리는가

우리는 흔히 모집단을 대표할 수 있는 표본을 뽑는 방법(표본 설계)이 정확하고 조사자가 최선을 다해 조사를 수행하면 그 결과는 세상을 올바르게 반영한 '좋은 결과'일 것이라는 믿음을 갖고 있다. 이는 재료가 신선하고 요리법이 과학적이면 요리는 무조건 맛있어야 한다는 생각과도 같다. 그러나 2010년대 중반 이후 중요한 결정의 기반이던 여론조사들이 더이상 정확하지 않다는 사실이 드러났다.

2016년 6월 23일, 영국에서는 '브렉시트' 국민투표가 실시되었다. 영국 내에서는 EU 가입 이후 EU의 규정과 법률이 영국 의회의 독립적인 결정권을 약화하고, EU 회원국 간 자유 이동 원칙에 따라 동유럽 국가에서 유입된 노동자들로 인해 국가적 부담이 커졌다는 불만이 고조되고 있었다. 일부 정치인은 영국이 EU에 재정적으로 상당히 기여하고 있음에도 불구하고 그에 상응하는 경제적 혜택을 얻지 못하고 있다고 주장했다. 이런 분위기 속에서 당시 총리 데이비드 캐머런은 자신의 정치적 입지를 공고히 하고 브렉시트 논란에 종지부를 찍기 위해 국민투표를 공약으로 내세웠고, 결국 2016년 6월 23일 국민투표가 실시되었다.

투표 직전까지 유럽은 물론 전 세계가 영국의 EU 탈퇴 가능성에 우려를 나타냈다. 그러나 캐머런 총리를 비롯해 많은 영국 국민은 실제로 탈퇴가 결정되지는 않으리라 믿었다. 이는 국민투표 직전의 여론조사에서도 드러났는데, 당시 조사에서는 EU 잔류 지지율이 탈퇴 지지율보다 약 10%포인트가량 높게 나타났다. 그러나 실제 투표 결과는 탈퇴 51.9%, 잔류 48.1%로, 여론조사의 예상과는 반대였다. 결국 2020년 영국은 EU를 공식 탈퇴했다.

같은 해인 2016년 미국 대선에서도 예상하지 못한 결과가 나왔다. 도널드 트럼프와 힐러리 클린턴의 대결에서 대부분의 여론조사는 힐러리의 승리를 예측했지만 실제로는 트럼프가 승리했다. 특히 경합 주에서 힐러리가 근소한 차이로 승리할 것이라는 예측과 달리 트럼프가 소폭 앞서며 선거인단을 확보했다. 이는 여론조사가 공화당 지지층, 즉 트럼프 지지자들을 과소평가한 데 기인한 것으로 분석된다.

2020년 미국 대선에서는 이런 실패를 보완하기 위해 여론조사를 개선했지만 여전히 트럼프 지지층을 과소평가하는 경향이 이어졌다. 대부분의 여론조사기관은 바이든이 트럼프를 전국적으로 8~10%포인트 차이로 앞설 것으로 예측했지만 실제 격차는 바이든 51.3% 대 트럼프 46.8%로 4.5%포인트에 그쳤다. 특히 경합

주에서는 2016년과 유사하게 트럼프 지지율이 예상보다 높게 나타나는 경향이 반복되었다. 2024년 미국 대선에서도 비슷한 일이 벌어졌다. 여론조사기관들 중 상당수는 해리스 후보의 우세를 점쳤고, 일부는 해리스가 근소한 차이로 승리할 것으로 전망했다. 그러나 결과는 달랐다. 트럼프 전 대통령은 선거인단 312명을 확보해, 226명에 그친 해리스 부통령을 누르고 승리했다.

왜 여론조사는 또 틀렸을까? 첫째, 미국 대선에서는 정치적 성향이 특정 지역에 고정되는 것이 아니라 파문처럼 인근 지역으로 퍼져나간다. 농촌 지역의 보수적인 성향이 교외 지역으로, 도시의 진보적인 성향이 주변으로 확산하는 경향이 있다. 그러나 전통적인 여론조사는 지역을 독립된 단위로만 바라보기 때문에 이런 상호작용을 포착하지 못했다. 둘째, 일부 응답자들이 자신의 정치적인 성향을 솔직하게 밝히지 않는 경향이 있었다. 특히 2024년 대선에서도 트럼프 지지자들은 이전 선거들처럼 '침묵하는 다수'로 남아 있었다.

여론조사의 대안

최근 여론조사의 오류가 반복되면서 구글 트렌드, 네이버 트렌드, 정치 베팅 시장 등이 대안적인 예측 방법으로 주목받고 있다. 구글 트렌드와 네이버 트렌드는 특정 키워드에 대한 검색량을 지수화해서 시기별 관심도를 보여주는 서비스로, 이를 통해 대중의 관심 흐름을 파악할 수 있다. 검색 데이터는 여론조사보다 상대적으로 솔직한 편이다. 조사는 타인의 시선을 의식해 거짓으로 응답할 가능성이 있지만, 검색은 개인의 궁금증을 바탕으로 이루어지기 때문에 왜곡 가능성이 작다.

실제로 브렉시트 국민투표 당시 'EU 탈퇴'에 대한 구글 검색량이 'EU 잔류'보다 높게 나타났다. 이는 대중의 관심이 탈퇴 쪽으로 더 쏠려 있었음을 시사하며, 실제 투표 결과와도 일치하는 경향을 보였다. 2016년 미국 대선에서도 여론조사에서는 힐러리 클린턴이 도널드 트럼프를 큰 차이로 앞서는 것으로 나타났지만, 구글 트렌드에서는 트럼프에 대한 검색량이 더 많았다.

2024년 미국 대선 여론조사는 2016년, 2020년 대선의 오류를 보완했음에도 불구하고 여전히 부정확했다. 트럼프는 선거 직후 부정확한 여론조사 결과를 발표한 여러 언론사를 상대로 소송을 제기했다. 예를 들어 아이오와주에서 트럼프에게 불리한 여론조사 결과를 발표한 지역 유력지 디모인 레지스터를 상대로 소송을 걸었다. 이 신문은 민주당 후보 해리스가 트럼프를 3%포인트 앞선다고 보도했지만 실제로는 트럼프가 13%포인트 이상 차이로 압승했다. 트럼프 측은 이 때문에 캠프에서 아이오와에 불필요하게 선거자금을 더 투입했으며, 여론조사의 오류가 유권자 판단에도 영향을 끼쳤다고 주장하며 손해배상을 요구했다.

이와 달리 전통적인 여론조사가 틀린 예측을 반복하는 동안 폴리마켓과 같은 정치 베팅 시장은 트럼프의 승리를 일찍부터 예측했다. 이는 집단지성과 재정적 동기가 결합했을 때 미래 예측의 정확도가 높아질 수 있음을 보여준다. 여론조사와 베팅 시장의 차이는 사진과 영화의 차이와도 같다. 여론조사가 한 시점의 정적인 의견을 포착하는 '사진'이라면, 베팅 시장은 끊임없이 변화하는 정보 흐름을 반영하는 '영화'에 가깝다. 2024년 대선 당시 폴리마켓에서는 트럼프에게 13억 달러, 해리스에게 8억2,700만 달러가 베팅되었다. 이처럼 베팅 시장은 참가자들이 자신의 돈을 직접 걸어야 한다는 점에서 단순한 의견 표명보다 훨씬 강력한 동기를 제공한다. 또한 참여자들은 익명성이 보장된 상태에서 시시각각 변화하는 뉴스에 반응해서 자신의 베팅을 실시간으로 조정한다.

최근에는 기술의 발전으로 베팅 시장의 예측 정확도가 더욱 향상되고 있다. 《MIT 테크놀로지 리뷰》에 따르면 인공지능 알고리즘이 소셜미디어 데이터와 베팅 패턴을 실시간으로 분석해 예측 모형을 지속해서 개선하고 있다. 이는 여러 전문가의 의견을 종합해 더 정밀한 결론을 도출하는 과정과 유사하다. 다양한 정보원과 방법론의 결합은 베팅 시장의 예측 능력을 한층 강화하고 있다. 물론 베팅 시장에도 한계는 있다. 전체 사용자 중 상위 1%가 비정상적인 베팅으로 시장 흐름을 교란할 가능성이 있으며, 이는 소수 극단적인 응답이 여론조사 결과를 왜곡하는 것과 유사한 문제다. 자본의 영향력이 예측과 정치 결과에까지 영향을 미칠 수 있으므로 민주적 형평성에 대한 고려도 필요하다. 폴리마켓이 성과를 유지하려면 '1인 1표'의 민주주의 원칙과 자본 규모에 비례한 시장 영향력 사이에서 균형점을 찾는 것이 앞으로의 과제가 될 것이다.

2024년 미국 대선에서의 경험은 여론조사와 베팅 시장이 서로 경쟁하는 관계가 아니라 상호보완적인 수단이 될 수 있음을 보여준다. 여론조사는 광범위한 인구 표본을 바탕으로 유권자 선호의 구조적인 패턴을 파악하는 데 강점이 있지만, 베팅 시장은 실시간 정보 반영과 동기 유발된 예측에 뛰어나다. 정치 예측의 미래는 이처럼 서로 다른 방식의 장점을 결합해 복잡한 현실을 더 정밀하게 이해하는 데 있다. 베팅 시장을 단순한 도박이 아닌 집단지성의 표현으로 인식하고, 여론조사와 함께 활용한다면 더 정확하고 균형 잡힌 예측이 가능해질 것이다.

3장

가장 가능성 높은 판단을 하는가

우리의 삶은 크고 작은 선택의 연속이다. 우리는 선택을 할 때 무작위로 결정하기보다는 다수가 선택한 것을 따른다. 서점에서는 베스트셀러 목록을 참고해 책을 고르고, 관객 수가 많은 영화를 선택하며, 평점이 높은 맛집을 방문하고, 시청률이 높은 드라마를 시청한다. 이는 다수의 선택을 따르는 것이 성공 확률을 높일 것이라는 기대 때문이다.

이런 선택 방식은 단순한 습관이 아니다. 이는 불확실성을 다루기 위한 인간의 근본적인 메커니즘이며, 그 기저에는 확률적 사고가 자리잡고 있다. 우리는 이미 가지고 있는 믿음과 지식에 새로운 정보와 경험을 더해 가장 가능성 큰 선택을 하려 한다. 통계적 추정도 이와 다르지 않다. 통계적으로 생각하는 것은 불확실성 속에서 가능한 선택지들 중 가장 가능성 큰 결정을 내리는 것이다. 이는 통계적 사고의 첫 번째 원리이자 우리가 일상에서 선택할 때 따르는 판단의 틀이다.

군중심리인가
군중의 지혜인가

우리는 다수의 의견을 신뢰하는 경향이 있다. 이는 독자적으로 판단하는 것보다 다수의 의견을 따르는 것이 더 편하고 실수할 가능성도 줄일 수 있기 때문이다. 실제로 다수가 선택한 것은 일정 수준 이상의 만족도를 보장하는 경우가 많다. 서점에서 책을 고를 때처럼 선택지가 너무 많거나 정보가 복잡할 경우 다수의 선택을 참고하면 결정이 훨씬 쉬워진다.

1999년부터 2004년까지 MBC에서 방영한 〈생방송 퀴즈가 좋다〉라는 프로그램이 있었다. 이 프로그램은 참여자가 객관식 및 주관식 퀴즈를 풀며 상금을 누적해가는 방식으로 진행되었다. 정답을 모를 경우 참여자는 찬스를 사용할 수 있는데, 참여자가 가장 많이 사용한 찬스가 'ARS 전화 찬스'였다. 이 찬스는 시청자들이 30초 동안 ARS 전화로 4개의 보기 중 하나를 선택하고 참여자에게 응답자들이 선택한 결과 분포를 보여주는 것이다. 참여자는 ARS 응답자들이 가장 많이 선택한 보기를 정답으로 추정해서 답을 골랐는데, 거의 다 그 선택이 정답이었다.

2007년부터 2018년까지 KBS에서 방영한 〈퀴즈쇼 1 대 100〉도 비슷한 맥락에서 다수의 선택이 중요한 역할을 했다. 이 프로그램은 1명의 참가자와 100명의 패널이 퀴즈로 대결하는 형식이다. 참가자가 문제의 답을 모르면 사용할 수 있는 찬스로 '100인의 답'과 '2인의 답'이 있었다. 여기서 '100인의 답'은 남아 있는 패널들의 답변 분포를 보여주고, 참가자가 이를 바탕으로 정답을 추정하도록 돕는 방식이다. 참가자는 '100인의 답'을 찬스로 쓰고, 가장 많이 선택된 답을 선택했다. 이 역시 거의 정답이었다.

이런 현상은 '군중의 지혜'와 깊이 관련된다. 군중의 지혜란 다양한 개별 판단이 모이면 전문가 한 명의 판단보다 더 정확한 결론에 도달할 수 있다는 이론이다. 통계적 관점에서 보면 서로 다른 배경과 경험을 가진 사람들이 독립적으로 판단하고 그 판단이 집계되었을 때, 가장 가능성 큰 결정을 도출할 수 있다는 원리다.

하지만 군중의 판단이 항상 옳은 것은 아니다. 정보성 동조[1]나 군중심리가 작동하면 개인의 독립성이 사라지고, 결과적으로 일방적인 의견만 남는다. 이는 군중의 지혜와 비슷해 보이지만, 가짜 뉴스, 정보 조작, 유튜브 알고리즘 등의 영향에 따른 맹목적인 동조와 비이성적인 행동일 수 있다. 초두 현상[2]으로 인해 특정 선택이 과도하게 드러나거나, 밴드왜건 효과[3] 때문에 독립적인 사고가 약화할 수 있다. 이런 흐름은 결국 투기적 버블, 패닉 셀링, 군중 폭력과 같은 극단적인 현상으로까지 이어질 수 있다. 따라서 군중의 선택이 항상 옳다고 믿는 것은 위험하다.

중요한 것은 정보의 질과 대표성, 그리고 비판적인 사고다. 다수가 선택했다고 해서 그것이 반드시 좋은 선택이라는 보장은 없다. 왜 그런 선택이 이루어졌는지 그 배경과 과정을 검토하는 과정이 필요하다. 군중의 지혜를 현명하게 활용하려면 정보의 신뢰성과 독립성을 자세히 분석하고 스스로 생각하려는 노력이 필수적이다.

통계학은 군중심리의 학문이 아니라 군중의 지혜를 과학적으로 활용하는 학문이다. 군중의 지혜가 효과를 발휘하려면 무엇보다 구성원 개개인이 독립적으로 판단해야 한다. 다수가 동조한 결과라면 그것은 통계적으로 신뢰할 수 없는 판단일 수 있다. 통계학의 기초 분석에서도 '독립성'은 핵심 전제 중 하나이며, 이 전제가 무너지면 민주주의의 핵심 원리인 다수결은 물론 평균을 이용한 분석 또한 무의미해진다.

통계적으로 사랑을 찾다

2005년 SBS에서 방영된 드라마 〈프라하의 연인〉에는 통계학과 관련된 흥미로운 장면이 등장한다. 대통령의 딸이자 외교관인 윤재희(전도연 분)는 프라하에서 만났던 강직한 형사 최상현(김주혁 분)을 잊지 못하고, 한국으로 돌아온 후 그를 다시 만나기 위해 나름의 전략을 세운다. 그녀가 알고 있는 정보는 단 하나, 최상현이 종로경찰서에서 근무하는 형사라는 사실뿐이다.

윤재희는 그를 우연히 마주치기 위해 종로경찰서를 찾았다. 그러나 종로경찰서 앞에서 무작정 기다리는 대신 체계적인 방법을 선택했다. 그녀는 "이것이 통계학이다"라고 말하며, 수행비서(하정우 분)와 함께 종로경찰서 앞에 있는 여러 식당을 돌며 손님의 수를 일일이 세기 시작했다. 윤재희는 이 데이터를 바탕으로 사람들이 가장 많이 찾는 식당을 찾아냈고, 그 식당에 머물며 최상현이 나타나기를 기다렸다. 예상대로 식사 시간이 되자 최상현은 그 식당을 방문했고, 두 사람은 그곳에서 다시 만난다.

이 장면에서 윤재희의 판단은 통계적 사고의 전형적인 사례다. 그녀는 막연한 직감에 의존하기보다 최상현이 나타날 가능성이 가장 큰 장소를 데이터로 추측했다. 사람들이 많이 찾는 식당일수록 최상현 역시 방문할 확률이 높을 것으로 본 것이다. 이는 불확실한 상황에서 데이터를 활용해 최적의 선택을 한 통계적 사고를 잘 보여주는 장면이다.

우리는 종종 중요한 결정을 내릴 때 직감이나 운에 의존하곤 한다. 하지만 윤재희의 사례처럼 객관적인 데이터에 기반한 판단은 더 합리적이고 효과적인 선택을 가능하게 한다. 사랑을 찾는 일조차 통계적으로 접근할 수 있다면 우리의 일상 속의 수많은 결정에서도 통계적 사고는 강력한 도구가 될 수 있다.

통계적 추정의
편의와 분산

양궁은 일정 거리 떨어진 과녁을 향해 활을 쏘아 정확도를 겨루는 스포츠다. 특히 우리나라 양궁은 올림픽에서 단 한 번도 금메달을 놓치지 않은 세계 최강의 실력을 자랑한다. 훌륭한 양궁선수는 일관된 슈팅 메커니즘을 갖고 있으며, 매 순간 같은 동작을 반복하기 위해 매일 수천 발의 화살을 쏘며 연습한다. 근육의 미세한 움직임까지 제어하고, 고도의 집중력과 멘탈, 지구력, 근력을 두루 갖춰야 한다.

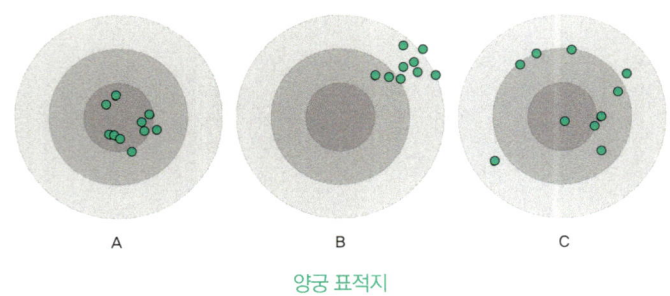

양궁 표적지

양궁선수 A, B, C가 경기에서 과녁에 10발씩 쏘았고, 그 결과는 앞 페이지 그림과 같다.

선수 A는 대부분 화살을 과녁 중심에 맞히는 훌륭한 선수다. 선수 B는 활의 사이트(조준 장치)가 잘못 조정되어 매번 같은 곳 근방을 맞추지만, 그곳은 과녁의 중심이 아니다. 선수 C는 조준 장치에는 문제가 없지만 기본적인 활 쏘는 자세, 당기는 법, 조준 등을 충분히 연습하지 않아 결과가 들쑥날쑥하다. 이들 중 국가대표를 뽑아야 한다면 당연히 선수 A를 선발할 것이다.

양궁과 통계적 추정은 여러 면에서 닮았다. 양궁에서는 과녁의 중심을 맞추는 것이 목표이고, 통계적 추정에서는 모집단 확률변수의 특성값, 즉 모수를 알아내는 것이 목표다. 예를 들어 모집단이 정규분포를 따른다고 가정하면 그 모평균이 모수가 된다. 이때 통계적 추정에서의 양궁선수는 바로 통계량이다. 통계량은 표본의 함수(수식)로, 우리가 알 수 없는 모수를 가장 잘 추정하기 위한 도구다. 다양한 통계량 후보가 하는데, 그 예로는 표본평균, 중앙값, 표본분산 등이 있다. 이들은 국가대표 선발전에 참가한 여러 명의 양궁선수와 같다. 양궁에서 올림픽에 출전할 선수를 선발하기 위해 수많은 예선을 치르듯 통계학에서도 여러 통계량 가운데 모수를 가장 잘 추정할 수 있는 '대표선수'를 찾는다.

이때 사용하는 방법이 바로 수학적 사고실험과 컴퓨터 시뮬레이션이다. 먼저 수학적 사고실험을 통해 모집단에서 생성된 표본의 분포로부터 모수를 가장 그럴듯하게(즉 가능성이 가장 크게) 추정할 수 있는 통계량을 찾는다. 이 과정을 최대가능도추정법(MLE)이라고 한다.[4] 다음에 컴퓨터 시뮬레이션을 통해 가상의 표본을 반복적으로 생성하고, 각 표본에서 통계량 값을 계산해 그 특성을 다시 분석한다. 통계량 값 하나하나는 양궁선수가 화살을 쏘아 과녁에 남긴 화살 자국에 해당한다. 어떤 통계량이 반복된 시뮬레이션에서 양궁선수 A처럼 정확하고 일관된 성과를 보인다면 우리는 그 통계량을 '대표선수'로 최종 선발한다.

이제 이 통계량은 실제 데이터로 모수를 추정하는 데 사용된다. 즉 본선 무대에 출전하는 국가대표선수가 되는 셈이다. 통계학 개론 수업에서 배우는 표본평균, 표본비율, 표본분산 등은 모두 각각의 모수를 추정하기 위해 수많은 후보 중 선발된 대표 통계량이다. 이들은 오랜 이론적 검증과 시뮬레이션을 통해 해당 상황에서 가장 적합한 대표선수가 된 것이다.

이처럼 통계적 추정은 단지 숫자를 계산하는 기술이 아니라 가장 신뢰할 수 있는 도구를 선별하고 평가하는 과학적 판단 과정이다. 우리는 이 과정을 통해 보이지 않는 '정답'을 가장 가까이에서 추정할 수 있다.

통계적 추정의 기준, 불편성과 효율성

우리는 각자의 위치에서 채용 심사, 시험 채점, 보험 심사, 재판 판결과 같이 수많은 판단을 한다. 우리의 판단은 일정하지 않고 공정하지 않을 때도 있다. 우리가 판단을 내릴 때, 그 판단의 타당성을 평가하는 핵심 기준은 불편성과 효율성이다. 먼저, 불편성은 같은 문제에 대해 여러 번 판단(혹은 추정)을 반복했을 때, 그 판단의 평균적인 결과가 실제 참값에 얼마나 가까운지를 평가하는 기준이다. 쉽게 말해 판단들이 평균적으로 진실에 근접해 있는지를 보는 것이다. 반면에 효율성은 판단 결과들의 흩어짐, 즉 변동성(분산)이 얼마나 작은지를 의미한다. 판단이 일관되고 안정적일수록 효율성이 높다고 할 수 있다.

양궁 표적지 그림이 판사 A, B, C가 같은 사건에 대해 각각 10번씩 독립적으로 판단한 것이라고 바꿔 생각해보자. 이때 화살 자국은 판사의 판단 결과다. 판사 A의 판단은 중심 근처에 촘촘하게 모여 있다. 이는 평균적으로 참값(과녁 중심)에 가까우며, 동시에 흩어짐도 작다. 즉 불편성과 효율성을 모두 갖춘 판단을 하고 있다. 판사 B의 판단은 한쪽으로 치우쳐 있지만, 서로 가까이 모여 있다. 이는 판단들이 평균적으로는 참값에서 멀리 떨어져 있으므로 편의가 존재하지만, 흩어짐은 작아 효율성은 높은 상황이다. 판사 C는 판단이 넓게 퍼져 있어 흩어짐이 크지만, 평균적으로는 참값에 가까운 위치에 있다. 즉 불편성은 있으나 효율성은 낮다. 이들을 비교하면 판사 A가 가장 이상적인 판단을 하고 있다.

통계적으로 추정할 때도 마찬가지다. 표본평균, 중앙값, 표본분산 등 여러 통계량 중에서 가장 적합한 통계량을 선택해야 할 때, 우리는 가능한 한 불편성과 효율성을 모두 갖춘 통계량을 선택해야 한다. 이는 국가대표 선발전에서 정확하고 일관된 실력을 갖춘 선수를 선발하는 것과 같다. 모집단이 정규분포를 따른다고 가정할 경우, 최대가능도추정법을 통해 구한 표본평균은 모평균을 추정하는 데 있어 불편성과 효율성을 모두 만족하는 통계량이다. 이는 수학으로 쉽게 증명할 수 있다. 따라서 모집단이 정규분포라고 가정된다면, 모평균을 추정할 때 표본평균을 사용하는 것이 통계적으로 타당하다는 결론에 도달한다.

사법 판단에서의
통계적 통찰

사법 시스템은 공정성과 일관성을 바탕으로 정의를 실현하는 것을 목표로 한다. 그러나 판사의 판단은 결국 인간에 의해 이루어지기 때문에 다양한 요인에 영향을 받을 수밖에 없다. 2021년 대니얼 카너먼 등은 인간 판단에 내재한 두 가지 오류, 즉 편의와 분산을 다루었다.[5] 이들은 판단의 오류를 체계적인 오류와 무작위적 변동성으로 구분했는데, 이는 각각 통계학에서 말하는 편의와 분산의 개념과도 일치한다.

재판에서의 편의와 분산에 대해 생각해보자. 먼저 편의는 특정한 방향으로 일관되게 나타나는 오류를 말한다. 정치적 성향, 인종, 성별 등에 따라 특정 판단 경향을 보이는 것이다. 2006년 선스테인 등의 연구에 따르면 미국 연방항소법원의 세 판사 모두 공화당 대통령이 임명한 경우 보수적인 판결을 내릴 확률이 60% 이상이었고, 모두 민주당인 경우에는 진보적인 판결을 내릴 확률이 60% 이상이었다. 2008년 콕스와 마일즈의 연구에 따르면 흑인 판사는 유권자 차별과 관련된 사건에서 백인이 아닌 원고에게 유리한 판결을 내리는 경우가 많았다. 이런 경향은 모두 편의에 해당한다.

반면에 분산은 같은 사건이나 유사한 사건에 판사들이 다른 판결을 내리는 정도를 의미한다. 2021년 카너먼 등에 따르면 같은 사건에 다른 판사들이 내린 형량 차이가 평균 3.5년에 달했다. 심지어 같은 판사도 상황에 따라 다른 판단을 내릴 수 있다. 2011년 댄지거 등의 연구는 더 극적이다. 이스라엘의 가석방 심사 데이터를 분석한 결과, 식사 직후에는 가석방 승인율이 약 65%였던 반면에 식사 직전에는 0%에 가까웠다. 이처럼 날씨, 스포츠 경기 결과, 판사의 기분과 같은, 판단과 무관한 요소들이 판결 결과에 영향을 줄 수 있다. 필자 역시 시험 채점을 하다 보면 기분에 따라 점수의 편차가 생겨 채점을 다시 하는 경우가 종종 있다.

사법 판단에서 편의보다 분산이 더 큰 문제가 될 수 있다. 편의는 비교적 인식되기 쉬우며, 사회적 비판과 제도로 인해 조정될 수 있다. 그러나 분산은 눈에 잘 띄지 않고 판사의 '독립적 재량'이라는 이유로 정당화되거나 방치되기 쉽다. 그래서 판사 간의 일관성 없는 판단은 쉽게 교정되지 않는다.

판결에서 편의와 분산이 모두 클 경우, 그 판단은 예측 가능성이 작아지고 불확실성이 커진다. 이는 항소와 재심의 증가로 이어져 사법 시스템의 효율성을 떨어뜨리고, 결국 '법 앞에서의 평등'이라는 기본 원칙마저 훼손한다.

판결에서 편의와 분산을 줄이려면 법원은 양형기준의 지속적인 마련과 판사 개인의 노력이 필요하다. 법원은 판결 기준을 사전에 명확히 구조화해서 정하고, 판사 개인은 판단 전에 다양한 관점을 같이 고려해야 한다. 그리고 다양한 배경의 판사들이 독립적으로 판단해서 종합하는 것이 편의를 상쇄하는 효과가 있다. 그리고 판사들의 판결 패턴을 지속적으로 모니터링하고, 이상 패턴이 있을 때 피드백을 받아야 한다. 마지막으로 인공지능을 활용한 판결 보조 시스템을 이용해서 판결의 문제점을 점검할 필요가 있다.

판결 보조 시스템은 필요한가

미국 노스포인트사에서 피고인이 재범자가 될 가능성을 평가하는 빅데이터 분석 인공지능 시스템 콤파스(COMPAS)를 개발했다.[6] 이 시스템은 데이터 분석을 활용해 피고인과 유사한 범죄자의 기록, 피고인의 범죄 이력, 사회적 배경 등을 분석해 재범 가능성을 계량화한 것인데, 구체적인 알고리즘은 비밀로 알 수 없다. 사람들은 이런 알고리즘이 판사의 편의와 분산을 완화할 것으로 생각했다.

2013년, 에릭 루미스는 위스콘신주에서 발생한 차량 총격 사건과 관련해 기소되었다. 루미스는 총격 가담은 부인했으나 해당 차량을 운전했다는 사실은 인정했다. 그는 경찰관의 정지신호를 무시하고 도주하고, 동의 없이 다른 사람의 차량을 운전한 혐의를 인정했다. 선고 준비 과정에서 위스콘신 교정국은 루미스의 콤파스 위험도 평가를 포함한 보고서를 법원에 제출했다. 1심 법원은 콤파스 평가를 참고해 루미스에게 6년의 징역형과 5년의 보호관

찰을 선고했다.[7]

　루미스는 법원이 콤파스에 의존해서 선고한 것이 다음의 이유로 자신의 권리를 침해했다고 주장하면서 항소했다. 첫째, 콤파스 평가는 범죄자 개인이 아닌, 범죄자와 유사한 집단에 관한 데이터로 판단한 것이므로 개별화된 선고를 받을 권리가 침해되었다. 둘째, 콤파스의 알고리즘은 비공개였으므로 정확한 정보에 근거해 선고받을 권리가 침해되었다. 셋째, 콤파스가 위험도 평가에 성별을 요소로 포함하는 것이 위헌이다.

　위스콘신주 대법원은 루미스의 항소를 기각했다. 법원은 콤파스가 집단 수준의 위험도를 제공하지만, 판사가 이를 기반으로 다시 살펴보므로 개별화된 선고가 이루어졌다고 판단했다. 또한 법원은 콤파스가 공개적으로 이용 가능한 데이터와 피고인이 제공한 정보를 같이 사용하므로 루미스가 입력 정보의 정확성을 검증할 수 있었다고 결론지었다. 법원은 콤파스에서 성별 정보를 활용한 것은 알고리즘의 정확성을 높이는 비차별적 목적이었고, 루미스가 법원이 실제로 성별을 이용해 판결했다는 것을 입증하지 못했다고 판단했다.

　하지만 위스콘신주 대법원은 판사들에게 콤파스를 이용한 판결문에 다음의 주의사항을 포함하도록 했다. 콤파스는 그 평가 기준을 정확히 알 수 없고, 위스콘신주에서 실제 데이터로 검증된 적이 없으며, 형량을 결정하기 위한 도구로 설계된 것이 아니다. 콤파스는 소수인종을 더 높은 위험군으로 분류하는 경향이 있고, 콤파스의 위험도는 개인이 아닌 비슷한 특성 집단의 평균적인 위험도다.

콤파스와 같은 시스템은 형량 선고를 보다 일관되도록 한다. 하지만 알고리즘이 학습한 데이터가 편향되었다면 불공정한 결과를 초래할 위험이 있다. 예를 들면 기존 데이터에 흑인 인구의 재범률이 더 높아 알고리즘은 유사한 미래 결과를 예측한다고 하자. 이 경우 흑인은 더 가혹한 형량을 선고받을 가능성이 크다.[8] 다음으로 판사들이 콤파스의 알고리즘을 알 수 없으므로 이를 의존할 때 사건의 개별성이 고려되지 않을 가능성이 크다.

이 사건은 알고리즘이 법적 판단 과정에서 어떤 역할을 하고, 그 한계를 어떻게 설정해야 하는지에 대한 논의를 불러일으켰다. 알고리즘이 더 공정하게 활용되려면 기술 발전뿐만 아니라 법적·윤리적 고려와 제도적 보완이 필요하다.

ABS는 야구를 어떻게 바꾸었나

야구에서 심판의 판정은 경기의 흐름과 결과에 중대한 영향을 미친다. 특히 스트라이크와 볼의 판정은 투자와 타자 간 유불리를 결정짓는 핵심 요소다. 그러나 투수들이 빠르고 다양한 구종을 던지고, 타자마다 스트라이크 존이 다르게 설정된다는 점에서 인간 심판이 매번 정확하고 일관된 판정을 내리기란 쉽지 않다. 이런 한계로 인해 인간 심판의 오심은 불가피하며, 실제로 심판의 판정은 경기 중 자주 논란을 불러일으켰다. 이런 문제를 해결하기 위해 2024년 KBO리그는 세계 최초로 자동 볼 판정 시스템(ABS)을 도입했다.[9]

2011년 파슨스 등의 2004~2008년 미국 메이저리그 투구 분석 연구에 따르면 메이저리그 심판들은 자신과 같은 인종의 투수에게 유리한 판정을 내리고, 검증된 투수들에게 스트라이크 판정이 더 관대하게 이루어지는 경향이 있었다. 이는 인간 심판의 판정이 공정성을 완전히 확보하기 어렵다는 점을 시사한다. ABS는 여러

대의 고속 카메라로 공의 궤적과 타자의 스트라이크 존을 실시간 추적한 뒤, 이를 바탕으로 판정을 내리는 시스템이다. 이 과정에서 수집되는 데이터에는 측정 오차가 있다. ABS는 불확실한 데이터를 기반으로 가장 신뢰할 수 있는 결론을 추정하는 방식으로 작동하는데, 이는 통계적 추정의 핵심 원리와 같다.

ABS의 가장 큰 특징은 판정 과정에서 인간 심판의 감정이나 편견이 개입할 여지가 없다는 점이다. 이에 따라 특정 투수나 타자에게 유리하거나 불리한 판정이 사라지고, 경기가 더 공정해졌다. 특히 신인 선수나 덜 알려진 투수가 기존보다 공정하게 경쟁할 수 있게 되었다. 이로써 경기 결과에 대한 팬들의 신뢰도가 높아졌다. 과거에는 오심으로 승패가 바뀌거나 논란이 발생하는 경우가 종종 발생했지만, ABS 도입 이후 그런 논란이 크게 줄어들면서 경기가 원활하게 진행되고 있다.

ABS 도입 이후 KBO리그에서 타자가 강하고 투수가 약한 현상이 두드러졌다. 이는 타자들이 심판의 성향을 고려하지 않고 ABS의 스트라이크존만을 의식하며 타격할 수 있기 때문이다. 아울러 기존에는 경기 후반부에 점수 차이가 크게 벌어지면 심판이 지는 팀에 유리하게 판정했으나 ABS는 그렇지 않았다. 과거에는 심판이 제구력이 나쁜 투수의 경우 애매하면 스트라이크로 판정했으나 ABS는 기준에 따라 볼과 스트라이크를 구분하기 때문에 제구가 나쁜 투수는 더 불리했다. ABS 도입에 따라 일부 타자가 칠 수 없는 공이 스트라이크로 판정되고, 구장마다 ABS 존이 조금씩 다른 문제점 등이 지적되었다. 하지만 팬들 대부분은 ABS의 도입을 환영하는 분위기다.

   ABS 도입은 판정의 편의와 분산을 줄여 경기 판정의 공정성을 높이고 경기의 흐름을 일정하게 유지하는 데 기여하고 있다.[10] 물론 ABS가 완벽한 것은 아니다. ABS는 기술의 발전과 데이터 축적을 통해 개선될 것이며, 장기적으로는 야구의 공정성과 경기의 질을 더욱 향상하는 데 기여할 것으로 보인다.

표본평균은 어떻게 움직이는가

우리가 모집단 전체를 조사할 수 없을 때, 일부(표본)를 뽑아 평균을 계산해서 모집단의 평균을 추정한다.[1] 그런데 이미 측정된 데이터의 평균은 1개의 값이지만, 확률변수의 평균인 표본평균은 여전히 여러 가능성을 가진 확률변수다.

주사위 눈의 평균을 알고 싶다고 해보자. 이 주사위의 눈의 평균을 알려면 주사위를 무한히 던져 그 평균을 구해야 한다. 그런데 주사위를 무한히 던질 수 없다. 대신 10번씩 던져 평균을 각각 구해보자. 10번씩 던질 때마다 평균이 달라진다. 첫 번째 표본(10회)의 평균은 3.6, 두 번째 표본(10회)의 평균은 2.9, 세 번째 표본 평균은 3.9, …… 이렇게 표본에 따라 표본평균값이 변한다. 이는 측정되지 않은 표본평균은 또 다른 확률변수이며, 일정한 분포를 가진다는 것을 보여준다.

표본평균은 표본 수가 커지면서 대수의 법칙과 중심극한정리를 따른다. 대수의 법칙은 표본의 크기를 늘리면 표본평균이 모집단의 평균에 점점 가까워진다는 법칙이다. 모집단에 뽑은 표본 수를 10이 아니라 1천 회까지 늘리면 표본평균은 모집단의 평균에 수렴한다. 중심극한정리는 표본의 크기가 충분히 크면 원래 모집단이 어떤 분포를 가지든 상관없이 표본평균은 정규분포(종 모양 곡선)를 따른다는 정리다. 주사위 예로 다시 돌아가보자. 주사위 하나는 1부터 6까지 균등한 확률(각각 1/6)을 가진다. 주사위 2개를 던져 평균을 내면 가능한 평균값들이 3.5 주변에 모이기 시작한다. 주사위 10개를 던져 평균을 내면 평균값이 3.5 주변에 더 밀집되며, 그 분포 형태가 정규분포 모양을 가진다. 이것은 우리가 관심 있는 모집단이 어떤 특이한 분포를 가지더라도 표본의 크기만 충분히 크면 표본평균은 정규분포에 근사될 수 있고, 이를 바탕으로 통계적 추론이 가능해지기 때문에 중요하다.

여론조사에서 자주 언급되는 지지율(표본비율)도 알고 보면 지지 여부를 1(지지), 0(비지지)으로 둔 표본평균이다. 따라서 지지율도 대수의 법칙과 중심극한정리를 따른다. 예를 들어 1천 명을 조사한 여론조사 기사에서 "이번 여론조사의 최대 표본오차는 95% 신뢰 수준에 ±3.1%포인트"라는 문장을 자주 본다. 여기서 표본오차는 전체 유권자가 아닌 일부 유권자만 조사했기 때문에 발생하는 오차다.[12] "95% 신뢰 수준에 ±3.1%"라는 말은 95% 신뢰 구간은 100번 같은 조사를 했다고 가정할 때 실제 모집단의 비율이 95번은 추정된 표본지지율 ±3.1% 안에 들어간다는 의미다. 여기서 3.1%는 표본비율이 정규분포로 근사되는 점(중심극한

정리)을 이용해서 $1.96 \times (0.5 \times (1-0.5)/1{,}000)^{1/2}$=3.1%포인트로 구한다. 여론조사로 구한 표본지지율이 40%라면 95% 신뢰 구간은 36.9%, 43.1%가 된다.

4장

낮은 확률의 사건은 믿지 마라

통계적으로 생각하는 원칙 중 하나는 "낮은 확률의 사건은 믿지 않는다"다. 우리는 확률을 통해 세상을 이해하고, 그것을 믿음의 근거로 삼는다. 그런데 낮은 확률의 일이 실제로 벌어지면 뇌는 '이건 뭔가 이상하다'는 신호를 보낸다. 우리가 흔히 말하는 '싸한 느낌'이 그것이다.[1] 이 느낌은 뇌가 기대하지 않았던 사건을 마주했을 때 보내는 경고신호다. 우리가 싸한 느낌이 들었을 때는 그 느낌이 실제 데이터나 근거와 맞는지를 면밀하게 검토해야 한다.

낮은 확률의 사건은 왜 과대평가될까

이 세상에는 정말 다양한 사건이 일어난다. 매일 아침 해가 뜨는 것처럼 매우 당연한 일도 있고, 지진으로 건물이 무너졌음에도 그 안에 갇혀 있던 사람이 일주일 후에 기적적으로 구조되는 놀라운 일도 있다. 확률의 관점에서 보면 늘 같이 일어나는 사건은 그 확률이 1에 가까우며, 기적처럼 드물게 일어나는 사건은 0에 가까운 확률을 가진다.

이처럼 불확실한 세상에서는 확률이 아무리 낮더라도 0이 아닌 이상 어떤 사건이든 실제로 일어날 가능성이 존재한다. 더 나아가 확률이 낮은 사건이라도 시행 횟수가 충분히 많아지면 결국 발생한다. 예를 들어 로또복권 1등의 당첨 확률은 약 814만 분의 1로 매우 낮다. 하지만 매회 약 1억2천만 장의 복권이 판매되기 때문에 실제로는 항상 10명 이상의 1등 당첨자가 나온다. 또 다른 예로 5명이 모인 자리에서 2명의 생일이 같을 확률은 약 2.7%이지만, 만약 60명이 모이면 그중 최소한 한 쌍의 생일이 같을 확률이

무려 99.4%에 달한다.[2]

이렇게 인원이 많아지면 낮은 확률의 사건도 일상적인 일처럼 자주 발생한다. 교통사고 역시 마찬가지다. 내가 오늘 사고를 당할 확률은 낮지만, 전국적으로 보면 교통사고가 매일 발생한다. 결국 낮은 확률의 사건도 조건과 상황에 따라 충분히 현실이 될 수 있으며, 우리는 이런 통계적 특성을 이해하고 받아들일 필요가 있다.

뉴스를 보다 보면 '세상이 왜 이렇게 이상하지?' 라는 생각이 들기도 한다. 뉴스가 세상에서 발생하는 모든 사건 중 극단적이고 예외적인 사건만 선별적으로 보도하기 때문이다. 통계적으로 보면 이는 낮은 확률의 사건들만 보도하는 구조다.[3] 예를 들어 비행기의 정상 착륙은 거의 항상 발생하는, 확률이 1에 가까운 사건이다. 반면에 비행기 충돌이나 비상 착륙은 확률이 극히 낮은, 0에 가까운 사건이다. 하지만 뉴스에서는 이런 비정상적이고 드문 사건을 주로 다룬다.

이는 정보이론의 원리와도 맞닿아 있다. 미국의 수학자이자 컴퓨터과학자로 정보이론을 창시한 클로드 섀넌에 따르면 어떤 사건의 정보량은 그 사건의 발생 확률에 반비례한다.[4] 즉 확률이 낮을수록 정보량은 커진다. 이 때문에 확률이 매우 낮은 사건일수록 뉴스로서의 가치가 높아지고, 언론은 이런 사건을 집중적으로 보도한다. 결과적으로 뉴스는 본질적으로 낮은 확률의 사건들의 모음이다. 따라서 우리가 뉴스를 통해 바라보는 세상은 실제 확률

구조와는 다른, 왜곡된 세상일 수밖에 없다. 이는 인식의 오류를 초래할 수 있는 잠재적인 위험을 내포하고 있다. 테러, 항공사고, 희귀병 등 실제로는 매우 드물게 발생하는 사건들이 과대평가되는 반면에 교통사고나 고혈압, 당뇨와 같은 비교적 자주 일어나는 사건들은 상대적으로 과소평가된다.

  이런 인식의 왜곡은 인지심리학의 '가용성 휴리스틱' 개념과도 깊은 관련이 있다. 사람들은 어떤 사건이 일어날 가능성을 판단할 때, 그 사건과 관련된 예나 사례가 머릿속에 얼마나 쉽게 떠오르는지를 기준으로 삼는 경향이 있다. 예를 들어 로또 1등 당첨은 매우 드문 일이지만, 당첨자 뉴스를 보면 '나도 될 수 있겠다'는 생각이 든다. 비행기 사고는 자동차 사고보다 훨씬 드물지만, 언론 보도와 충격적인 이미지로 인해 오히려 비행기 탑승을 더 불안해하는 사람이 많다. 이런 판단 방식은 실제 확률과는 무관하게, 강렬한 이미지나 기억에 의해 왜곡된 추론을 유도한다.

확률과 심리를 이용한 사기, 보이스피싱

보이스피싱은 사기범이 검찰, 경찰, 금융기관 직원을 사칭해 전화를 걸어, 실제로는 거의 발생하지 않는 극단적인 사건을 꾸며내고, 피해자의 심리를 압박한다. 예를 들어 "계좌에서 500만 원이 인출되었습니다"라는 말은 현실적으로 거의 일어나지 않는 일이지만, 이런 비정상적인 상황은 오히려 사람의 뇌에 강한 공포를 유발한다. 보이스피싱 사기범이 말하는 사건은 실제로는 발생 가능성(확률)이 매우 낮은 일이기 때문에 정보량이 많고, 예측 불가능한 상황처럼 느껴진다.

이런 비정상적이고 불확실한 정보는 뇌에 강한 공포심을 유발하며, 이로써 우리는 이성적인 판단을 제대로 하지 못하고 직관적인 불안감에 휩싸인다. 결국 보이스피싱은 피해자에게 낮은 확률의 극단적인 사건이 실제로 일어난 것처럼 믿게 만들고, 논리적 사고를 차단한 채 감정적인 반응만 유도하는 심리 조작 범죄다.

통계적으로 생각할 때는 발생 확률이 매우 낮은 사건이 실제로 일어났다고 주장할 경우, 이를 의심하고 믿지 않는 것이 일반적이다. 그러나 현실에서는 많은 사람이 보이스피싱과 같은 낮은 확률의 사건에 쉽게 속는다. 이런 현상은 심리학자 대니얼 카너먼이 2011년에 제안한 두 가지 사고 체계, 즉 '시스템 1'과 '시스템 2'를 통해 설명될 수 있다. 시스템 1은 빠르고 직관적이며 감정에 기반한 자동적인 사고방식이다. 반면에 시스템 2는 느리지만 논리적이고 분석적인 사고를 통해 복잡한 문제를 해결하는 사고방식이다. 통계적 사고는 전형적인 시스템 2의 사고방식이다. 그러나 보이스피싱 사기범은 피해자가 시스템 2를 작동하기도 전에 공포와 불안을 유발해 시스템 1의 감정적인 판단을 과도하게 자극한다. 이로 인해 피해자는 냉정하게 사고할 기회를 잃고, 직관적으로 잘못된 결정을 내린다.

통계적 사고란 감정에 휘둘리지 않고 확률과 데이터를 바탕으로 천천히, 이성적으로 판단하는 사고방식이다. 예를 들어 보이스피싱 사기가 일어날 확률이 1% 미만이라면, 통계적 사고를 하는 사람은 '이런 일은 실제로 거의 일어나지 않는다. 당황하지 말고, 일단 멈추고 확인하자'라고 생각한다. 이처럼 낮은 확률의 사건에 감정적으로 반응하기보다는 주변과 상의하고 사실을 확인하는 시간을 갖는 것이 중요하다. 실제로 보이스피싱에 대응할 때 가장 효과적인 방법은 "제가 직접 확인해보겠습니다. 잠시 후 다시 연락드리겠습니다"라고 말한 뒤 전화를 끊고 시간을 확보하고 다시 생각하는 것이다. 이 짧은 멈춤이 시스템 2를 작동시키고, 감정적인 판단에서 벗어나 이성적인 선택을 하게 만드는 열쇠가 된다.

"급할수록 천천히"라는 말처럼 통계적 사고는 불확실한 세상 속에서 우리를 보호해주는 가장 강력한 도구다. 낮은 확률의 사건이 뉴스나 감정에 의해 과대평가되는 현실에서 우리는 확률을 다시 바라보고, 데이터를 기반으로 이성적으로 사고하는 훈련이 필요하다.

통계적 가설검정과 형사재판

형사재판의 목적은 피고가 유죄인지를 증거에 근거해 판단하는 것이다. 이때 기본적인 전제는 '피고는 무죄다'라는 가정이다. 검사는 이를 뒤집기 위해 '피고는 유죄다'라는 주장을 증거를 통해 입증해야 한다. 이런 판단 과정은 통계적 가설검정과 유사하다. 통계적 가설검정은 형사재판에서 피고의 유죄임을 밝히는 것처럼 새로운 사실을 밝히기 위해 기존이 옳다는 가설을 세우고 데이터를 통해 이 기존 가설을 기각할 수 있는지를 검토한다.

통계적 가설검정은 1920~1930년대의 로널드 피셔, 예지 네이만과 이곤 피어슨의 연구로 그 절차가 정립되었다.[5] 이 절차는 심리학, 생물학, 경제학 등 다양한 분야에서 광범위하게 활용되면서 체계화되었다. 이 과정을 통해 다른 학문에 비해 늦게 시작된 통계학이 20세기 중반에 독립적인 학문 분야로 자리잡았다. 현재 통계적 가설검정은 "신약이 기존 약보다 효과가 있다", "이 광고가 실제로 매출을 증가시킨다", "학생들의 수학 성적이 전국 평균보다 높다"와 같은 주장을 데이터로 검증하는 핵심 도구가 되어 세상을 조금씩 바꾸고 있다.

통계적 가설검정에서 제일 먼저 해야 할 일은 가설을 세우는 것이다. 이때 상반된 2개의 가설, 처음부터 버릴 것으로 예상하는 귀무가설, 그리고 이와 반대로 실제로 주장하거나 증명하고 싶은 가설인 대립가설을 세운다. 우리가 새로운 효과가 있는지 살펴보는 통계적 가설검정을 생각해보자. 이때 귀무가설은 보통 현 상태를 유지하는 "새로운 효과가 없다"이고, 대립가설은 "새로운 효과가 있다"라고 정하는 것이 일반적이다.

형사재판을 통계적 가설검정의 가설로 정리하면 피고가 유죄인지를 살펴보는 것이 목적이므로 귀무가설은 "피고는 무죄다"이고, 대립가설은 "피고는 유죄다"다. 예를 들어 사건 현장에서 수집한 DNA가 피고인의 것과 99.99% 일치한다고 하자. 이는 "피고가 무죄일 경우 이런 증거가 나올 확률이 매우 낮다"는 것을 의미한다. 이때 통계학자는 귀무가설을 기각하고 대립가설(피고인이 유죄라는 주장)을 채택한다. 실재 재판에서는 DNA뿐만 아니라 지문, CCTV 영상, 증언 등 다양한 증거를 종합적으로 고려해서 판단을 내린다.

가설을 세우고 판단을 내리는 과정에는 불가피하게 두 가지 오류가 발생할 수 있다. 첫 번째 오류는 무죄인 피고인을 유죄로 판단하는 오류다. 즉 참인 귀무가설을 기각하는 오류다. 두 번째 오류는 실제로 유죄인 사람을 무죄로 판단하는 오류다. 즉 거짓인 귀무가설을 기각하지 못하는 오류다. 이 두 가지 오류는 서로 상충관계에 있다. 하나의 오류를 줄이려고 하면 다른 오류의 발생 가능성이 증가한다. 예를 들어 유죄 판단 기준을 높이면 유죄를 무죄로 판단하는 오류가 늘어난다. 반대로 범죄자를 놓치지 않기 위해 판단 기준을 완화하면 무고한 사람이 유죄 판결을 받을 위험이 커진다.

그러면 어떤 오류가 중요할까? 형사재판에서는 피고가 무죄라고 생각하고, 피고가 유죄인지 판단한다. 모든 형사재판 법정에서는 "의심스러울 때는 피고의 이익으로", "범인 99명을 놓쳐도 1명의 억울한 사람을 만들지 마라"라는 무죄 추정의 원칙이 통용된다. 이는 명백하고 합리적 의심을 배제할 수 있는 증거 없이는 피고인을 유죄로 판단해서는 안 된다는 법적 원칙이다.[6] 무죄 추정의 원칙은 참인 귀무가설을 기각(무고한 사람의 처벌)하는 오류인데, 이를 거짓인 귀무가설을 기각하지 않는(범죄자의 방면) 오류보다 중시하자는 것이다. 그래서 참인 귀무가설을 기각하는 오류를 제1종의 오류, 거짓인 귀무가설을 기각하지 않는 오류를 제2종의 오류라고 부른다.

통계적 가설검정에서는 제1종 오류를 우선적으로 고려한다. 먼저 제1종 오류의 최대 허용 수준을 정하고, 그 범위 안에서 제2종 오류를 줄이는 방식으로 검정을 설계한다. 이때 제1종 오류를 감수할 수 있는 최대 확률을 유의수준(α)이라고 하며, 유의수준은 일반적으로 $\alpha=0.05$ 또는 0.01이 사용된다. 이는 잘못된 판단(무고한 처벌)이 일어날 확률을 5% 또는 1% 이하로 제한한다는 뜻이다.[7] 제2종 오류를 줄이는 것은 대립가설이 참일 때 이를 올바르게 받아들이는 검정력을 높이는 것과 같다. 형사재판에서 검정력은 증거의 강도에 해당한다. 검정력을 높이려면 더 큰 표본 크기(더 많은 증거), 더 정밀한 측정 방법(더 정확한 증거 수집), 더 적절한 통계적 검정 방법(더 효과적인 법적 논증)이 필요하다.

귀무가설이 참일 때 현재 얻은 데이터가 나올 확률을 계산한 것이 유의확률(p-value)이다. 이는 로널드 피셔가 1925년 《연구자를 위한 통계학 방법론》에서 체계화한 개념으로, 법정의 '증거의 무게'에 해당한다. 일반적으로 유의확률이 유의수준보다 작으면 귀무가설(무죄 추정)을 기각한다. 이처럼 귀무가설을 기각할 만큼 확률이 충분히 낮은 경우 그 결과를 '유의하다'고 표현한다.

형사재판과 통계적 가설검정은 서로 다른 영역이지만, 그 사고 구조는 매우 유사하다. 이는 인간의 합리적인 판단이 일정한 절차와 기준에 따라 이루어진다는 것을 보여준다. 우리는 통계적 가설검정을 통해 신약을 개발하고, 정책을 평가하고, 제품 품질을 개선해왔다. 불확실한 세계 속에서 우리는 항상 의심하고, 증거를 모으고, 판단의 오류를 통제하려 노력한다. 통계학은 그 모든 과정에서 이성적 사고의 나침반 역할을 해준다.

무고한 사람을 만들지 말자

형사재판 증거 중 대표적인 결정적 증거로는 개인을 식별할 수 있는 DNA가 있다. DNA는 모든 사람의 세포핵에 존재하는 유전물질로, 사람마다 고유한 정보를 담고 있다. 혈액, 땀, 소변, 타액, 심지어 담배꽁초나 컵에 남은 침 자국 등에서도 DNA를 채취할 수 있으며, 이를 통해 개인을 정밀하게 식별할 수 있다.

  DNA 분석 기술은 2020년대에 이르러 비약적인 발전을 이루었다. 정확도는 99.9999% 이상으로, 이는 100만 명 중 단 1명만 우연히 일치할 확률을 의미한다. 나노그램 수준의 극소량 시료만으로도 분석할 수 있으며, 24시간 이내의 신속한 감식도 가능해졌다. 다만 DNA 분석에도 몇 가지 주의점이 있다. 시료 오염은 분석의 정확도를 저하할 수 있으며, 친족 간 DNA 유사성은 잘못된 해석으로 이어질 수 있다. 그럼에도 불구하고 DNA는 현재 형사재판에서 가장 과학적이고 신뢰할 수 있는 결정적인 증거로 자리매김하고 있다.[8]

1992년, 변호사인 배리 셰크와 피터 노이펠트는 DNA 감식 기술의 비약적인 발전에 주목해, DNA 기술로 잘못된 유죄 판결로 억울하게 수감된 사람들의 결백을 입증하기 위해 이노센스 프로젝트라는 비영리단체를 설립했다. 이 단체는 법률 전문가, 과학자, 자원봉사자가 참여해서, 최신 DNA 분석 기술을 활용해 과거 사건의 DNA 증거 등을 재분석하고 억울한 피해자들의 결백을 입증하는 데 집중해왔다. 이 단체의 핵심 목표는 오판으로 인해 부당하게 복역하고 있는 사람들이 다시 재심을 청구할 수 있도록 돕고, 그들의 결백을 증명하고 명예를 회복하는 것이다.

이 단체는 잘못된 유죄 판결의 원인으로 거짓 자백, 신뢰할 수 없는 목격자 증언, 부실한 법의학 증거, 경찰이나 검찰의 부당한 수사 방식 등을 지적했다. 실제로 이노센스 프로젝트는 많은 사례에서 초기 재판 당시에는 유죄로 판결되었지만 이후 과학적 증거에 의해 무죄가 입증된 사례들을 밝혀내며 큰 사회적 반향을 불러일으켰다.[9]

이노센스 프로젝트의 노력은 실질적인 성과로 이어졌다. 2024년 기준, 이 단체의 활동을 통해 375명 이상의 억울한 수감자가 석방되었으며, 그중 30명 이상은 DNA 증거를 통해 사형수임에도 불구하고 무죄가 입증되었다. 대표적인 사례로 커크 블러드워스는 1984년 살인 혐의로 사형을 선고받았지만 1993년 DNA 분석을 통해 무죄가 입증된 미국 최초의 사형수로 기록되었다. 그는 이노센스 프로젝트가 추구하는 과학적 정의의 상징적인 사례가 되었다.

그러나 이노센스 프로젝트의 활동이 언제나 순조로운 것은 아니다. DNA 증거가 없는 사건의 경우 무죄 입증은 훨씬 더 어렵다. 재심 청구 절차는 법적으로 복잡하며, 사건 하나를 해결하는 데 막대한 시간과 자원이 소요된다. 형사 사법 기관의 비협조나 조직 내부의 저항 역시 무죄 입증 과정을 더욱 어렵게 만든다. 이런 한계 속에서도 이노센스 프로젝트는 통계적 사고와 과학적 증거의 힘으로 형사 사법 시스템의 구조적인 문제를 드러내고 실질적인 변화를 끌어내는 중요한 역할을 해오고 있다.

우리나라에서도 억울한 유죄 판결 사례가 존재한다. 대표적인 예는 1986년부터 발생한 이춘재(화성) 연쇄살인사건이다. 이 사건에서는 23세의 장애가 있는 농기구 수리공이 허위 자백과 혈액형 감식만으로 범인으로 지목되어 20년간 수형 생활을 했다. 그러나 2009년 DNA 감식을 통해 진범이 이춘재임이 밝혀지면서 그의 억울함은 비로소 풀렸다. 이외에도 1999년 삼례 나라슈퍼 3인조 강도치사 사건과 2000년 익산 약촌오거리 택시기사 살인사건이 있다.[10] 이 사건들에서도 나중에 진범이 밝혀졌지만, 피해자들은 이미 오랜 기간 옥살이를 한 뒤였다.

이런 사건의 공통점은 피해자들이 대부분 사회적 약자였고, 직접적인 물증이나 단서 없이 단순한 의심만으로 경찰과 검찰로부터 허위 자백을 강요당했다는 점이다. 국선변호인은 형량을 줄이기 위해 범죄 사실을 인정하도록 유도했으며, 판사는 적절한 검증

없이 유죄를 선고했다.

이처럼 무죄인 사람을 유죄로 판결하는 오류는 통계적 가설검정에서 말하는 제1종 오류에 해당한다. 형을 모두 마치고 출소한 사람들 가운데 억울함을 호소하는 경우 실제로는 무죄였을 가능성이 존재한다. 아무리 뛰어난 판단자라고 해도 오류는 피할 수 없으며, 중요한 것은 오류가 발생했을 때 이를 겸허히 인정하고 수정하는 자세다. 이노센스 프로젝트 홈페이지에는 다음과 같은 문구가 있다.

"잘못된 유죄 판결은 평생에 영향을 미치는, 삶을 변화시키는 경험이다."

이런 점을 고려할 때, 우리는 새로운 판단이나 결론을 내리기에 앞서 제1종 오류를 줄이기 위한 신중한 접근과 노력이 반드시 선행되어야 한다.

재판에서 수사와 재판 과정의 절차를 중시하는 이유 중 하나는 제1종 오류를 줄이기 위한 노력 때문이다. 우리는 종종 결론을 먼저 내린 뒤 그 결론을 뒷받침할 증거만 선택적으로 찾아 자기 판단을 정당화하려는 경향이 있다. 그러나 이런 태도일수록 판단에 이르는 절차의 중요성은 더욱 커진다. 특히 형사재판에서는 잘못된 정보나 편향된 판단을 방지하기 위해 절차가 매우 엄격하게 구성되어 있다. 어떤 사람이 범죄 혐의를 받고 있다고 가정해보자. 언론이나 대중은 단편적인 정보만 보고 성급하게 유죄라고 단정한다. 하지만 법정에서는 증거의 신뢰성을 검토하고, 변호와 반론의 기회를 보장하며, 엄격한 절차를 거쳐 최종 판단을 내린다. 이런 절차가 없다면 무고한 사람이 처벌받을 가능성은 훨씬 커진다.

이는 일상적인 판단에서도 마찬가지다. 어떤 주장이나 소문이 들려왔을 때, 그것이 그럴듯해 보인다고 곧바로 믿기보다는 그 주장이 어떤 과정을 거쳐 도출되었는지, 충분한 검증이 있었는지를 살펴야 한다. 불확실한 상황일수록 절차를 중시하는 태도가 더 신뢰할 수 있는 판단으로 이어진다. 통계적 가설검정에서도 가정이 타당한지, 검정 절차가 올바르게 적용되었는지, 데이터가 유효한지 등을 꼼꼼히 검토해야 한다. 이런 절차적인 검토를 거쳐야만 검정 결과의 신뢰성과 적절성을 확보할 수 있다.

낮은 확률을
믿지 않는다

통계적 가설검정은 종종 복잡한 수식과 전문용어에 가려져 있지만, 그 핵심은 우리가 일상에서 직관적으로 수행하는 판단 과정과 매우 유사하다. 어떤 동전이 있을 때 이 동전이 공정한지를 판단해본다고 하자. 이를 통계학적으로 표현하면 다음과 같은 두 가설로 나뉜다. 귀무가설은 "이 동전은 공정하다"(앞면이 나올 확률=1/2)이며, 대립가설은 "이 동전은 공정하지 않다"(앞면이 나올 확률≠1/2)다. 증거가 충분하기 전까지는 기존 상태, 즉 '동전이 공정하다'는 가정을 유지한다. 이제 우리는 이 가설이 타당한지를 판단하기 위해 데이터(증거)를 수집한다.

이 동전을 10번 던졌더니 모두 앞면이 나왔다고 하자. 직관적으로 이것은 매우 의심스러운 결과다. 왜냐하면 공정한 동전이라면 10번 모두 앞면이 나올 확률은 $1/2^{10}=1/1{,}024$, 약 0.1%에 불과하다. 여기서 0.1%는 귀무가설 하에서 관측된 데이터보다 극단적인 결과가 나올 확률, 유의확률이다. 이처럼 귀무가설이 참일 때 관찰된 데이터가 나올 확률이 매우 낮다면, 우리는 이를 단순한 우연으로 보지 않고 귀무가설이 잘못되었다고 판단한다. 이때 우리는 "얼마나 희귀한 결과가 나와야 귀무가설을 기각할 수 있을까?"를 미리 정해두는데, 이를 유의수준이라고 한다. 통계학에서는 일반적으로 5%(0.05)를 사용한다. 앞의 예에서 관찰된 결과(10번 연속 앞면)가 나올 확률(유의확률)은 0.1%이며, 이는 유의수준 5%보다 작다. 따라서 우리는 "이 동전은 공정하다"라는 귀무가설을 기각한다.

이런 사고방식은 300년도 넘은 시기에도 적용되었다. 1710년, 영국의 의사 존 아버스넛은 〈신의 섭리에 대한 논증〉이라는 글에서, 1629년부터 1710년까지 82년 동안 런던에서 매년 남아 출생이 여아 출생보다 많았다는 점을 지적했다.[11] 그는 남아와 여아가 같은 확률로 태어난다고 가정했을 때, 82년 연속으로 남아가 더 많이 태어날 확률을 계산했고, 그 값은 $1/2^{82}$였다. 그는 이 결과를 토대로 "자연은 남성의 높은 사망률을 보상하기 위해 더 많은 남아를 출산하게 한다"라고 해석했다. 이 사례는 문헌상 최초로 유의확률을 계산한 예이고, 통계학에서 비모수 검정의 시초로 평가한다.

동전던지기 실험이나 아버스넛의 성비 검정처럼 통계적 가설검정은 단순한 수학적 절차가 아니다. 그것은 증거 기반의 합리적인 의사결정을 위한 사고체계다. 이런 사고는 과학 연구의 실험 설계, 의학적 진단의 정확성 판단, 법정에서의 증거 해석, 일상 속의 합리적인 선택 등 다양한 영역에서 활용된다. 가설검정의 원리 "낮은 확률은 믿지 않는다"를 이해함으로써 우리는 주변의 다양한 주장과 현상을 더 비판적으로 평가할 수 있다. 이런 사고방식은 더 나은 결정, 더 명확한 추론, 그리고 궁극적으로 더 풍요로운 세계 이해로 우리를 인도한다.

그는 정말 초능력자일까

1984년 9월 23일, KBS에서는 〈세기의 경이: 초능력 유리 겔러 쇼〉가 생방송으로 방영되었다. 유리 겔러는 이스라엘 출신의 인물로, 미국에서 활동하며 텔레파시로 숟가락을 구부리고, 고장난 시계나 라디오를 고치며, 숨겨진 물건을 찾아내는 등 다양한 초능력을 실시간으로 보여주며 전 세계적인 명성을 얻었다.[12] 방송 당일, 한국의 많은 시청자도 숟가락과 고장난 시계를 들고 텔레파시의 기적을 기다리며 TV 앞에 앉았다. 필자 역시 그중 한 명이었지만, 숟가락은 끝내 구부러지지 않았다. 놀랍게도 다음날 언론에서는 "실제로 숟가락이 휘었다", "시계가 다시 움직였다"는 시청자 증언들이 이어졌고, 유리 겔러에 대한 대중의 신뢰는 오히려 더 높아졌다. 그의 인기는 극에 달해, 한국군 당국이 북한의 땅굴을 찾기 위해 그의 초능력을 요청했다는 이야기도 전해진다.[13]

이에 의문을 품은 한 인물이 있었다. 마술사 제임스 랜디였다. 그는 '어메이징 랜디'라는 이름으로 유명한 환상마술사이자 자신의 마술은 속임수에 불과함을 분명히 밝힌 인물이었다. 그는 초능력자들이 실제로는 마술사의 기술을 사용하고 있다고 주장하며, 유리 겔러의 숟가락 구부리기도 관객의 주의를 분산하고 미리 약화한 숟가락을 사용하는 속임수일 뿐이라고 지적했다.

1973년, 미국의 유명 토크쇼 〈더 투나잇 쇼〉에 유리 겔러가 출연하기로 하자, 진행자 조니 카슨은 마술을 배운 자신조차 유리 겔러의 진위를 알 수 없어 랜디에게 조언을 구했다. 랜디는 모든 실험 도구를 방송국에서 제공하게 하고, 유리 겔러가 직접 준비한 도구는 사용하지 못하도록 제안했다. 결과는 명확했다. 유리 겔러는 방송 중 단 한 번도 시연을 성공하지 못했다. 겔러는 "내가 마술을 한다면 매번 성공하겠지만, 나는 초능력을 사용하는데 초능력은 매번 발휘되지 않는다"라고 변명했다. 그는 이후에도 계속 활동을 이어갔다.

한편 랜디는 유리 겔러에 관한 책을 출간하면서 명예훼손 소송을 당했지만, 오히려 유리 겔러가 랜디에게 12만 달러를 배상하라는 판결이 내려졌다.

1996년, 제임스 랜디는 과학적인 조건으로 초능력을 입증할 수 있는 사람에게 100만 달러를 주겠다는 프로젝트를 시작했다. 이 프로젝트는 단순한 쇼가 아닌, 통계적 가설검정의 원리를 대중에게 시연한 실험적인 도전이었다. 2003년, 이 도전은 우리나라에서도 SBS 〈도전! 100만 달러 초능력을 찾아라〉라는 프로그램으로 방영되었다. 방송에는 다양한 '초능력자'들이 등장해 숟가락

휘기, 자석 인간, 투시 등 각종 능력을 시연했지만, 대부분 속임수로 판명되거나 누구나 가능한 현상으로 밝혀졌다. 특히 기억에 남는 참가자 중 한 명은 "기(氣)를 통해 사람의 내장을 볼 수 있다"고 주장했다.

랜디는 한국의 기(氣) 개념에 익숙하지 않았지만, 이런 투시력 주장을 검증하기 위해 통계적 실험을 설계했다. 그는 두 그룹의 피실험자를 준비했다. 각 그룹은 10명으로 구성되었으며, 각 그룹에는 한쪽 신장이 제거된 사람 1명과 양쪽 신장이 모두 있는 정상인 9명이 포함되었다. 검증 방법은 기를 통해 내부를 볼 수 있다고 주장하는 참가자는 각 그룹에서 한쪽 신장이 없는 사람을 정확히 찾아내야 했다. 참가자가 두 그룹 모두에서 신장이 없는 사람을 정확히 찾아낸다면, 랜디는 이를 초능력의 증거로 인정하겠다고 약속했다.

이 실험은 통계적 가설검정의 완벽한 예다. 귀무가설은 "참가자는 초능력이 없다"(즉 참가자의 선택은 무작위 추측과 다르지 않다)이고, 대립가설은 "참가자는 초능력이 있다"(즉 참가자는 우연보다 유의하게 높은 확률로 정확히 선택할 수 있다)다. 실제 방송에서 진행된 실험 결과는 다음과 같았다. 첫 번째 시도에서 초능력자로 참가자는 첫 번째 그룹에서 신장이 없는 사람을 성공적으로 찾아냈다. 두 번째 시도에서는 참가자는 두 번째 그룹에서 신장이 없는 사람을 찾지 못했다. 랜디는 두 번째 그룹의 나머지 9명 중에서 신장이 없는 사람을 다시 찾아볼 기회를 주었지만 참가자는 여전히 찾지 못했다. 이로써 해당 참가자의 능력은 초능력이 없더라도 우연히 맞출 수 있는 범주라고 판단된다. 랜디가 제시한 유의수준(약 2%) 기준에서는 이 참가자가 초능력을 가졌다고 보기 어렵다.

랜디는 모든 실험에서 우연히 성공할 확률을 명확히 계산했다. 초능력 주장을 입증하려면 통계적으로 우연을 넘어서는 결과가 필요했다. 이는 유의확률과 유의수준을 활용한 통계적 가설검정과 같은 원리다. 랜디는 충분한 시행 횟수를 통해 반복 가능한 패턴을 검증했으며, 가능한 한 참가자와 실험자 모두가 결과를 모르는 이중맹검법을 적용했다. 이는 확증 편향과 기대 효과를 제거하기 위한 중요한 통계적 접근이다. 그리고 그는 사전에 성공 기준을 명확히 정의했다. 초능력이 있다고 주장한 참가자는 초능력이 없다는 귀무가설을 기각할 만한 충분한 증거를 제시해야 했다.

랜디의 100만 달러 도전은 단 한 명의 승자도 없이 2015년에 종료되었다. 이는 "초능력이 절대 존재하지 않는다"는 의미가 아니다. 다만 현재까지 통계적으로 초능력을 입증한 사람이 없다는 사실을 의미한다. 인간은 예지력이나 초능력을 믿고 싶어한다. 그것은 불확실한 세상에서 확실함을 추구하려는 본능일지도 모른다. 그러나 그런 본능은 증거를 기반으로 한 사고와 통계적 검증을 통해서만 진실에 가까이 다가갈 수 있다.

확률을 정확히 계산할 수 있을까

직접적인 증거가 없어도 일어나기 어려운 낮은 확률의 사건이 실제로 발생하면 사법 체계에서는 이를 근거로 유죄 판결이 내려지기 쉬운 구조가 존재한다. 우리나라를 포함한 여러 나라에서 낮은 확률로는 설명하기 어려운 사건의 발생 자체가 유죄의 근거가 되는 경우가 종종 있었다. 하지만 때로는 확률 계산이 잘못되었거나 오해된 경우 그 결과는 치명적이다. 세계 사법 역사에서 통계학에 기반한 잘못된 확률 계산이 무고한 사람을 감옥에 보내는 데 사용된 사례도 적지 않다. 그 대표적인 예가 영국의 샐리 클라크 사건과 미국의 콜린스 사건이다. 이 두 사례는 잘못된 확률 해석이 어떻게 진실을 왜곡하고 정의를 훼손할 수 있는지를 극명하게 보여준다.

샐리 클라크는 평범한 법정 변호사이자 젊은 어머니였다. 1996년과 1998년, 그녀의 두 아들 모두 유아돌연사증후군(SIDS)으로 사망했다. 검찰은 아동학대 문제 전문가인 소아과 의사 로이 메도우의 증언을 핵심 증거로 제시했다. 클라크 가족과 같은 사회경제적 배경(부유하고, 비흡연자이며, 26세 이상의 산모)을 가진 가정에서 SIDS로 사망할 확률을 영아 사망 통계를 기반으로 8,543분의 1로 계산한 후, 두 아이가 연달아 SIDS로 사망할 확률을 이 두 확률을 곱해 약 7,300만 분의 1이라 주장했다.[14] 그는 이런 희소한 일은 유아 살해가 아니면 일어날 수 없는 일이라고 주장했다. 그의 영향으로 1999년 11월 9일, 배심원 12명 중 10명의 찬성으로 그녀는 종신형을 선고받았고, 그녀는 나쁜 부모라는 여론재판까지 받았다.

  2001년 10월, 영국 왕립통계학회는 샐리 클라크 사건에서 통계적 오류가 있다는 서한을 영국 대법원장 등에게 발송했다.[15] 통계학회는 메도우가 확률을 계산할 때 독립성을 가정하는 오류를 범했다고 지적했다. 메도우는 한 가정에서 발생하는 2건의 SIDS 사망을 독립 사건으로 보고, 사건의 개별 확률을 두 번 곱해 7,300만 분의 1을 구했다. 일반적으로 첫 아이가 SIDS로 사망하면 규명되지 않은 같은 유전적 또는 환경적인 요인으로 두 번째 아이도 같이 사망할 위험은 매우 크다. 이 오류는 "비가 올 확률은 30%이고 번개가 칠 확률은 5%이므로 비와 번개가 동시에 발생할 확률은 1.5%"라고 주장하는 것과 같다. 실제로 비와 번개는 매우 밀접하므로 비와 번개가 동시에 발생할 확률은 1.5%보다 매우 크다.

  왕립통계학회가 지적한 두 번째 오류는 두 아이의 사망 원인이 오직 '유아돌연사증후군' 아니면 '살인' 둘 중 하나라고 주장한 것이다. 실제 사망 원인은 미규명된 의학적 상태 등 다양하다. 마지막으로 왕립통계학회는 메도우가 1명의 영아 사망률도 클라크 가족과 같은 사회경제적 배경(부유하고, 비흡연자, 26세 이상의 산모)을 기반으로 지나치게 낮게 구했다. 그 방식으로 확률을 구한다면 같은 사회경제적 배경을 가진 가정에서 어머니가 연속해서 두 아이를 살해할 확률이 매우 낮다는 것을 간과했다.

학회는 메도우는 소아과 의학 분야의 전문가였을지 모르지만 통계학의 전문가는 아니며, 따라서 그의 확률 계산은 엉터리이며 증거로 채택되어서는 안 된다는 것이었다. 학회는 단순히 개인의 통계적 오류를 지적하는 것을 넘어 법정에서의 통계 오용이 가져올 수 있는 심각한 결과에 대해 경고했다. 확률만으로는 유죄를 입증할 수 없다.

남편이 병원에서 사망에 대한 새로운 증거를 찾으면서 샐리 클라크는 2002년 재심에서 판결이 번복되었다. 하지만 긴 수감 생활과 사회적 낙인, 그리고 감당할 수 없는 정신적 고통은 그녀에게 깊은 상처를 남겼다. 2007년 그녀는 42세 나이에 알코올중독으로 세상을 떠났다.

유사한 사례를 하나 더 살펴보자. 1964년 캘리포니아에서 발생한 강도 사건은 통계적 증거의 오용에 관한 잘 알려진 콜린스 사건이다.[16] 로스앤젤레스의 한 골목에서 노인 여성이 강도를 당했다. 피해자는 범인의 얼굴을 보지 못했지만, 한 목격자가 "포니테일한 금발의 백인 여성과 콧수염을 가진 흑인 남성이 노란색 자동차를 타고 도주했다"고 증언했다. 이를 바탕으로 경찰은 콜린스 부부를 체포했다. 직접적인 물리적 증거나 명확한 목격자 식별이 없었지만, 검찰은 엉터리 통계학으로 콜린스 부부가 범인일 가능성이 크다고 주장했다.

검찰은 일반적인 '특성 확률'을 다음과 같이 제시했다. 노란색 자동차일 확률 1/10, 수염을 기른 흑인 남자일 확률 1/10, 백인 여성이 금발일 확률 1/3, 백인 여성이 포니테일 헤어스타일일 확률 1/10, 콧수염을 가진 남성일 확률 1/4, 인종이 다른 커플일 확률 1/1,000. 그리고 이들이 동시에 일어날 확률을 이 특성들이 나타날 확률을 모두 곱해 1,200만 분의 1로 구했다. 검사는 배심원들에게 "이런 조합이 현실에 존재할 가능성이 작기 때문에 이 부부는 범인일 가능성이 크다"라고 주장했다.

이 검찰은 특성들 각각의 확률을 근거 없이 임의적으로 정했다. 또한 검찰은 샐리 클라크 사건처럼 이런 특성이 모두 서로 독립적이라고 가정해서 각 특성의 확률을 곱해 확률을 구했다. 그러나 이 특성들 간은 독립적이 아니다. 예를 들면 수염을 기른 남자는 콧수염을 기를 가능성이 높다. 마지막으로, 검찰은 "범인이 이런 특성을 가질 확률"과 "이런 특성을 가진 사람이 범인일 확률"을 착각했다.[17] 범인이 이런 특성을 가질 확률이 높다고 해서 이런 특성을 가진 사람이 범인일 확률이 반드시 높은 것은 아니다.

1심 배심원단은 피고인 콜린스 부부에게 강도죄 유죄 판결을 내렸다. 하지만 캘리포니아 대법원은 1968년 만장일치로 콜린스 부부의 유죄 판결을 파기했다. 대법원은 검찰이 제시한 확률값들이 "사실상 순전히 추측에 불과하며", 독립성 가정이 "수학적으로나 경험적으로나 타당하지 않다"고 지적했다. 이 사건 이후 미국의 많은 법원은 통계적 증거, 특히 확률 계산을 제시할 때 더 엄격한 기준을 채택했다.

 샐리 클라크 사건과 콜린스 사건은 잘못된 통계 해석이 어떻게 한 사람의 삶을 파괴할 수 있는지를 보여주는 대표적인 사례다. 이들은 법정에서 숫자가 가진 위력과 동시에 내포된 위험성을 적나라하게 드러낸다. 통계학으로 포장된 숫자는 겉으로는 객관적이고 과학적인 것처럼 보이지만, 그 맥락과 해석이 없으면 오히려 진실을 왜곡하고 정의를 훼손하는 무기가 될 수 있다. 결국 중요한 것은 숫자 자체가 아니라 그 숫자를 어떻게 이해하고 활용하느냐에 달려 있다.

5장

까마귀 날자 배 떨어진 이유

"까마귀 날자 배 떨어진다"라는 속담[1]은 서로 관련 없어 보이는 두 사건이 동시에 일어나면 사람들은 그 사이에 인과관계가 있다고 믿는다는 의미를 담고 있다. 실제로 까마귀가 날아오른 행동이 배가 떨어진 직접적인 원인일 가능성은 작다. 하지만 두 사건이 거의 동시에 발생하면 우리는 자연스럽게 까마귀가 배를 떨어뜨렸다고 추론한다. 이는 우연한 동시 발생을 인과로 해석하는 인간 뇌의 전형적인 작용이다.

우리의 뇌는 불확실한 세상에서 합리적인 의사결정을 내리기 위해 세상에서 일어나는 사건들 사이의 인과관계를 끊임없이 탐색한다. 이런 인과 추론 능력은 인간의 생존에 유리하게 진화된 특성이지만, 때때로 오류를 낳는다. 예를 들어 어떤 두 사건이 함께 두 번만 일어나기만 해도 우리는 그 사이에 원인과 결과가 있다고 착각할 수 있다. 이는 존재하지 않는 위험을 잘못 감지하는 편이 진짜 위험을 놓치는 것보다 생존에 유리했기 때문이다. 결국 우리는 허위의 인과도 받아들이도록 진화해왔고, 이는 오늘날에도 여전히 우리의 판단에 영향을 미치고 있다.

〈살인의 추억〉은 왜 범인 검거에 실패했을까

2003년, 봉준호 감독이 만든 영화 〈살인의 추억〉은 525만 명의 관객을 동원하며 큰 인기를 끌었다. 이 영화는 1986년부터 1991년까지 경기도 화성에서 발생한 '이춘재 연쇄살인사건'을 모티브로 했다.[2]

〈살인의 추억〉은 두 형사의 대조적인 수사 방식을 보여준다. 지역 출신인 박두만 형사(송강호 분)는 직관과 육감을 중시하며, 폭력을 이용해 용의자로부터 자백을 받아내는 전통적인 방식을 고수한다. 반면에 서울 경찰청에서 자진 전입한 서태윤 형사(김상경 분)는 이성적이고 과학적인 수사를 지향하며, 논리적인 추론을 통해 연쇄살인범을 찾아내고자 한다.

서태윤 형사는 살인사건이 발생한 날마다 한 라디오방송에서 유재하의 노래 〈우울한 편지〉가 흘러나왔다는 점에 주목했다. 그는 방송국에 가서 엽서를 모두 조사한 끝에 해당 곡을 신청한 사람이 화성에 거주하는 박현규(박해일 분)라는 사실을 밝혀냈다.[3] 더

욱이 박현규는 군대를 전역한 직후 화성의 한 공장에 취직했으며, 그 시점부터 연쇄살인사건이 시작되었다. 그는 한 차례 용의자로 조사받았으나 증거불충분으로 풀려났고, 그가 풀려난 다음날 비슷한 살인사건이 또 발생했다. 이런 정황적 증거들로 인해 서태윤 형사는 더욱 강하게 확신해 박현규를 범인으로 지목하고 평소와 다른 강압적인 수사를 했다. 하지만 경찰이 미국에 의뢰한 DNA 검사 결과 박현규는 범인이 아닌 것으로 밝혀지면서 수사는 다시 원점으로 돌아갔다.

서태윤 형사의 실수는 상관관계를 인과관계로 착각한 데 있었다. 박현규는 라디오에 유재하의 노래를 비 오는 날에 틀어달라고 신청했고, 살인사건은 노래가 나오는 날마다 발생했다. 이런 공통점을 통해 서태윤 형사는 박현규의 음악 신청과 살인사건이 직접적인 인과관계가 있다고 믿었다. 하지만 실상은 달랐다. 박현규는 비가 오는 날 음악을 들려달라고 신청해서, 비가 오는 날 그가 신청한 음악이 방송되었고, 비가 오는 날 살인사건은 발생했다. 두 사건의 공통 요인은 '비 오는 날'이었다. 박현규의 노래 신청과 살인사건은 '비'라는 공통 요인 때문에 동시에 나타난 것일 뿐 직접적인 원인과 결과의 관계는 아니었다.[4]

우리는 일상에서도 단순한 사건의 동시 발생을 인과관계로 오해하는 실수를 자주 범한다. 예를 들어 아이스크림 판매량이 증가할 때 물놀이 익사 사고도 늘어난다는 사실이 있다. 겉으로 보면 아이스크림 판매량의 증가가 익사 사고의 원인처럼 보이지만, 실제로는 더운 날씨라는 공통 요인이 존재한다. 날씨가 더울수록 아이스크림 판매량이 증가하고 동시에 물놀이하는 사람도 많아지기 때문에 익사 사고가 늘어나는 것이다. 경찰관 수가 증가하면 범죄율도 증가한다는 주장도 비슷한 오류를 포함하고 있다. 예를 들어 인구가 빠르게 늘어나는 지역을 생각해보자. 이 경우 인구라는 공통 요인에 의해 경찰관과 범죄 건수가 함께 증가한다.

이처럼 두 사건이 함께 발생했다고 해서 반드시 하나가 다른 하나의 원인이 된다고 단정할 수 없다. 단순한 상관관계를 인과관계로 오해하는 순간 잘못된 결론을 내리고, 이는 사회적·정치적 혼란을 초래할 수도 있다. 〈살인의 추억〉 속에서 서태윤 형사가 겪은 실수처럼 우리는 인과관계를 너무 단순하게 판단하는 경향이 있다. 따라서 사건이나 데이터를 분석할 때는 신중하게 접근해야 하며, 진정한 원인을 파악하려는 노력이 필수적이다.

플랫폼은 어떻게 내가 좋아하는 것을 알까

우리가 장을 보러 가면 특정 물품을 함께 사는 경우가 많다. 이를테면 라면과 김치, 빵과 우유처럼 자주 함께 구매하는 물품이나 함께 이루어지는 활동은 일정한 패턴을 형성한다. 이런 패턴을 체계화한 것이 추천시스템이다. 추천시스템은 우리가 무엇을 선택할지에 큰 영향을 미친다. 예를 들어 넷플릭스는 우리가 다음에 볼 만한 영화를 제안하고, 유튜브는 우리가 좋아할 만한 영상을 추천하며, 쿠팡은 '함께 구매하면 좋은 제품'을 알려준다. 이처럼 추천시스템은 사용자 데이터를 바탕으로 소비자의 선택을 유도하고, 그 방향을 강화해나간다.

추천시스템이 작동하는 핵심 원리는 상관관계다. 두 변수 간의 관련성을 수치로 나타내는 상관관계는 다양한 방식으로 측정된다. 대표적인 지표로는 피어슨 상관계수가 있으며, 이는 두 변수 간의 선형 관계를 −1부터 1 사이의 값으로 표현한다. 또한 코사인 유사도는 두 벡터 간의 사잇각을 바탕으로 유사도를 계산하며,

주로 데이터 간 방향의 유사성을 평가할 때 활용된다. 상관계수 개념은 19세기 후반 프랜시스 골턴이 처음 제안했고, 칼 피어슨이 이를 수식으로 정립함으로써 오늘날 통계학의 핵심 개념으로 자리잡았다.

추천시스템은 과거 사용자들의 선택 패턴 속에서 함께 발생한 행동이나 선택 간의 연관성을 찾아내고, 이를 바탕으로 미래의 선호를 예측한다. 가장 널리 사용되는 방식으로는 협업 필터링과 콘텐츠 기반 필터링이 있다. 협업 필터링은 '나와 비슷한 취향을 가진 사람들이 좋아한 것'을 추천하는 방식이다. 예를 들어 사용자 A가 영화 〈기생충〉을 좋아했고 사용자 B도 이 작품을 좋아한다면, A가 본 다른 영화들을 B에게 추천하는 것이다. 이는 사용자 간 행동 패턴 사이에 존재하는 상관관계를 활용한 방식이다. 반면 콘텐츠 기반 필터링은 '내가 과거에 좋아했던 콘텐츠와 유사한 콘텐츠'를 추천하는 방식이다. 사용자가 SF영화를 자주 시청했다면, 시스템은 SF 장르의 다른 영화를 추천한다. 이처럼 콘텐츠 간의 속성과 유사성을 바탕으로 상관관계를 구하고, 이를 추천의 근거로 삼는다.

이런 추천시스템은 사용자 편의성을 높이지만, 동시에 다양한 경험의 기회를 제한하는 부작용을 낳기도 한다. 사용자가 초기에 우연히 특정 취향의 콘텐츠를 선택하면, 시스템은 그 방향으로 추천을 강화하고, 사용자는 점차 자신의 선택이 옳다고 확신한다. 예를 들어 사용자가 특정 정치 성향의 유튜브 영상을 우연히 몇 개 시청하면 유튜브는 그 정치 성향에 부합하는 콘텐츠를 지속적으로 추천한다. 사용자가 여기에 반복적으로 반응할 경우 시스템은 그 성향이 더욱 고정된 것으로 판단하고, 추천 범위를 좁혀 간다. 그 결과 사용자는 자신이 보고 싶은 정보만 접하고, 다른 의견이나 시각을 접할 기회는 점점 줄어든다. 이런 현상을 필터 버블이라고 부른다.

추천시스템이 이처럼 사용자의 선택을 강화하는 방향으로만 작동하면 다양성을 고려하지 못하고, 다수의 의견이 소수의 취향을 압도하는 집단 사고를 유발하거나 의견의 극단화, 음모론의 확산과 같은 심각한 부작용으로 이어질 수 있다. 따라서 추천시스템에는 다양성을 보장하고, 사용자에게 새로운 것을 발견할 기회를 제공하는 장치가 필요하다. 이를 위해 단순히 예측 가능한 콘텐츠만이 아니라 예상 밖의 발견이 주는 가치를 인식하고, 추천 알고리즘에 무작위성을 일부 도입하거나 의도적으로 새로운 콘텐츠를 제안하는 전략을 함께 고려해야 한다.

챌린저호의 폭발과
재앙의 통계학

1986년 1월 28일, 미국 우주왕복선 챌린저호가 발사 73초 만에 폭발해서 탑승한 승무원 7명이 모두 사망하는 비극이 발생했다.[5] 특히 승무원 중에는 일반인으로 처음 우주에 가는 교사 크리스타 매콜리프가 포함되어 대중의 관심이 컸다. 그러나 발사 전부터 날씨 문제로 일정이 일주일 이상 연기되었고, 발사 당일에는 매우 추운 날씨로 인해 발사대에 얼음까지 생긴 상태였다.

이 사고를 조사한 위원회는 오른쪽 고체 로켓 부스터의 결함이 원인이었다고 결론지었다. 로켓 부스터는 여러 개의 부분이 연결된 구조로, 그 연결 부위는 'O링'이라는 고무 재질의 밀봉 장치로 막혀 있었다. 하지만 당시의 추운 날씨로 인해 O링이 수축하면서 밀봉이 제대로 되지 않았고, 그 결과 뜨거운 가스가 새어 나와 폭발로 이어졌다는 것이다.

발사 전날 밤에 로켓 부스터 제작사의 엔지니어들은 발사 당시의 예상 기온(섭씨 영하 3도)이 O링의 탄력성을 떨어뜨려 제대로 영하작동하지 않을 위험이 있다고 지적했다. 그들은 기온이 가장 낮았던(11.7도) 1985년 1월 24일의 발사 때 O링 이상이 세 곳에서 발생했다는 기록을 제시했다. 그러나 발사를 강행하려는 NASA 관리자들은 과거 데이터를 바탕으로 "기온과 O링 이상 사이에 명확한 관계가 없다"고 주장했다. 그들은 1985년 1월 24일을 제외하고 분석해보면 기온이 낮을수록 O링의 이상이 줄어드는 것처럼 보였다. 이는 '표본 선택 편의'의 사례로, 불완전한 데이터 선택이 잘못된 결론을 초래했다. 결국 NASA 관리자들은 엔지니어들의 경고를 묵살하고 발사를 강행했다.[6]

미국 경제학자 마이클 크레머는 우주왕복선 챌린저호 폭발사고에서 수많은 부품 중 단 하나의 결함이 전체 임무의 실패로 이어졌다는 사실에 주목했다. 이 사건을 계기로 그는 복잡한 시스템에서는 작은 요소 하나의 실패가 전체 시스템의 붕괴로 이어질 수 있다는 개념을 바탕으로 경제발전을 설명하는 오링 이론을 제안했다. 이 이론은 고품질 기술일수록 고품질 작업과 결합해야만 시스템이 제대로 작동하며, 작은 오류 하나가 전체 생산성을 크게 떨어뜨릴 수 있다는 점을 강조한다. 크레머는 이 이론과 개발경제학에 기여한 공로를 인정받아 2019년 노벨경제학상을 공동 수상했다.[7]

챌린저호 사고는 단순한 기술적인 문제를 넘어 데이터 해석을 기반으로 한 의사결정 과정의 중요성을 보여준다. 통계 자체는 거짓말을 하지 않지만, 데이터를 어떻게 선택하고 해석하느냐에 따라 결론은 달라질 수 있다. 따라서 우리는 데이터를 분석할 때 편향을 피하고, 전체적인 맥락을 고려하는 태도를 보여야 한다. 챌린저호의 비극은 이런 신중한 접근이 얼마나 중요한지 일깨워주는 사례다.

대형사고는 우연히 일어났을까

매년 믿기 어려운 낮은 확률의 대형사고가 발생한다. 이런 사고가 발생할 때마다 우리는 그 원인을 규명하려 애쓰지만, 종종 음모론에 빠지거나 하나의 요소를 억지로 원인으로 단정하려는 경향이 있다.[8] 그 결과, 사건의 책임자를 특정하고 문책하려는 사회적 압력이 뒤따른다. 특히 정치적으로 민감한 사건은 원인 규명이 어려워지고 논쟁과 갈등으로 이어진다. 이런 경향은 개인의 삶에서도 나타난다. 감당하기 힘든 일을 겪을 때 사람들은 과도하게 원인을 분석하거나 가까운 사람에게 책임을 전가하려는 심리를 보인다. 이는 인간이 어떤 사건이든 명확한 인과 구조로 설명되어야 심리적 안정을 찾을 수 있기 때문이다. 그러나 현실에서 우리가 실제로 관찰할 수 있는 것은 대부분 상관관계에 불과하다.

인간은 사건 속에서 패턴을 발견하고 사건 간 연결고리를 만들려고 한다. 이런 능력은 생존에 유리했지만, 통계적 관점에서는 인지 오류를 유발할 수 있다. 많은 사건은 확률분포를 따르며, 극단적인 사건도 어쩌다 발생한다. 그러나 인간은 이런 확률적 사고에 익숙하지 않다. 대형사고가 발생하면 우리는 무작위적 사건들 사이에서도 의미 있는 패턴을 만들어내고, 통계적으로 유의미하지 않은 상관관계를 인과관계로 해석한다. '이 사건이 일어날 확률은 매우 낮았다. 따라서 누군가 의도적으로 일으킨 것이다'는 사고방식은 확률을 오해한 것이다. 낮은 확률의 사건도 충분히 긴 시간이 주어지면 반드시 발생한다.

대표적인 인지 오류는 상관관계와 인과관계의 혼동이다. 예를 들어 주식시장이 폭락한 날 특정 정치인의 연설이 있었다면, 우리는 그 연설이 원인이라고 믿기 쉽다. 이는 시간적 상관관계를 인과관계로 오해하는 '가짜 상관관계'의 사례다. 대형 홍수가 발생한 해에 새 댐이 건설되었다고 해서 댐 건설이 홍수의 원인이라고 단정하는 것도 교란 변수를 무시한 오류다. 이런 사고방식이 음모론으로 발전하면 우리는 복잡한 통계적 현실을 단순한 서사로 축소한다. 이는 불확실성에서 오는 불안을 줄이기 위한 심리적인 기제로, 모호한 확률보다 단일한 원인이 심리적으로 훨씬 받아들이기 쉽기 때문이다.

사고가 발생한 후 우리는 그것을 예측 가능했던 것처럼 해석하려 한다. 경제위기나 금융위기 이후에는 그것을 사전에 예측했다고 주장하는 사람들이 등장하지만, 이들이 이후에도 정확한 예측을 하지는 못한다. 예를 들어 비행기 사고가 발생했을 때 우리는 "이런 징후가 있었는데 왜 알아채지 못했을까?"라고 말한다. 그러나 통계적으로 유사한 징후가 있었지만 사고로 이어지지 않은 수많은 사례는 무시된다. 우리는 발생한 사건만을 중심으로 사고가 발생하지 않았을 가능성은 무시하는 경향이 있다.

이런 오류는 사전확률과 사후확률의 혼동에서도 나타난다. 사고 발생 전에는 그 사건이 일어날 가능성이 매우 낮았을 수 있다. 그러나 막상 사고가 발생하고 나면, 우리는 "담당자가 제대로만 했어도 이런 일은 없었을 것"이라며 단정 짓는다. 이는 베이지안 확률 업데이트를 무시한 판단이며, 결과적으로 무작위적 변동성과 예측 불가능성을 받아들이기보다 누군가의 실수나 무능력으로 이 사건이 발생했다고 설명하고 싶어하는 심리에서 비롯된다.

이런 음모론적 해석이나 책임자 문책은 단순히 오류에 그치지 않고 사회심리적으로 특정한 기능을 수행한다. 이들은 복잡한 확률분포를 단순한 인과 모형으로 치환해서 인지적 불확실성을 줄이고, 세계가 통제 가능한 질서 속에 있다는 환상을 제공한다. 책임자를 처벌함으로써 사회적 정의감이 충족되고, 비슷한 사건이 다시는 일어나지 않을 것이라는 기대가 만들어진다. 비록 이 기대가 통계적으로는 근거가 부족하더라도 심리적으로는 안정감을 주는 효과가 있다.

통계학자들은 이런 사고방식을 '확률맹'이라고 부른다. 우리는 확률적 사고에 익숙하지 않으며, 통계적 변동성조차 인간의 행위나 숨겨진 의도로 해석하려는 경향이 있다. 그렇다면 우리는 이런 인지적 함정에서 어떻게 벗어날 수 있을까? 무엇보다 대부분의 대형사고는 단일한 원인이 아니라 복합적인 요인의 상호작용과 확률분포의 결과임을 인정해야 한다. 둘째, 사고의 책임을 특정 개인에게 돌리기보다는 시스템 전체의 취약성과 구조적인 문제에 초점을 맞추고, 사전확률과 사후확률을 구분해야 한다. 셋째, 완벽한 안전은 존재하지 않으며, 위험은 제거가 아니라 관리의 대상이라는 사실을 이해해야 한다. 넷째, 인과관계를 주장하기 전에 다양한 통계 기법과 검증 과정을 통해 인과적 추론의 엄격함을 유지해야 한다. 마지막으로, 사회 전반의 통계적 소양을 높여 확률적 사고와 불확실성에 대한 이해를 넓혀야 한다.

인간은 본능적으로 의미를 추구하고, 확률적인 설명보다 결정론적인 설명을, 통계적 변동성보다 명확한 인과관계를 선호한다. 그러나 진정한 지혜는 이렇게 말할 수 있는 용기에서 비롯된다.

"이 사건은 통계적 분포 일부였을 뿐이다."

음모론이나 단순한 책임 추궁에 머물기보다 통계학적 원칙에 기반한 균형 잡힌 접근으로 사고를 이해할 때 우리는 보다 나은 의사결정과 합리적인 대응을 할 수 있을 것이다.

진짜 원인 찾기의 여정

우리는 어떤 현상이 발생했을 때, 그 원인이 무엇인지 알고 싶어 한다. 예를 들어 특정 비료가 작물의 성장에 어떤 영향을 미치는지, 혹은 어떤 약이 질병 치료에 효과적인지를 알고 싶어한다. 이처럼 우리의 질문은 대부분 인과관계, 즉 어떤 것이 다른 것에 영향을 미치는지를 밝히는 데 초점을 맞추고 있다. 그러나 인과관계를 명확히 알아내는 일은 쉽지 않다. 현실세계에는 수많은 요인이 동시에 작용하고 있으며, 관찰된 결과가 어떤 요인 때문인지 단순한 상관관계만으로는 판단할 수 없다.

두 변수 사이에 높은 상관관계가 있다고 해서 그것이 반드시 인과관계를 의미하는 것은 아니다. 인과관계를 논의하려면 우선 시간적 선후 관계가 성립해야 한다. 즉 원인은 반드시 결과보다 먼저 발생해야 한다. 예를 들어 운동과 체중 감소의 관계를 생각해보자. 만약 체중이 줄어든 시점이 운동을 시작한 시점보다 이르다면 운동이 체중 감소의 원인이라고 보기 어렵다. 오히려 두 변수 모두에 영향을 준 제3의 요인이 존재할 가능성이 크다. 이처럼 인과관계를 검토할 때 시간적 순서를 명확히 하는 것은 가장 기본적인 전제다.

인과 추론에서 또 하나의 중요한 개념은 '교란 변수'다. 이는 원인으로 생각하는 변수와 결과 변수 모두에 영향을 줄 수 있는 제3의 요인이다. 예컨대 안경을 착용한 초등학생들의 평균 성적이 더 높다고 하자. 이 결과만 보면 '안경을 쓰는 것이 성적 향상에 도움이 된다'고 생각할 수 있지만, 실제로는 다른 요인이 있을 가능성이 크다. 바로 교육적·경제적 환경이라는 교란 변수다. 시력 문제를 조기에 발견하고 안경을 맞춰줄 수 있는 환경은 대체로 부모의 교육적 관심이 크고 경제적인 여유가 뒷받침되는 경우가 많다. 교육적·경제적 환경이 좋으면 평균적으로 성적도 높다. 결국 성적 차이는 안경 자체 때문이 아니라 교란 변수인 교육적·경제적 환경일 가능성이 크다. 이런 변수를 통제하지 않으면 상관관계를 잘못 해석해 인과관계로 오해한다.

이처럼 복잡한 현실 속에서 인과관계를 규명하는 데 유용한 도구가 실험계획법(DOE)이다. 이 방법은 20세기 초 영국의 통계학자 로널드 피셔에 의해 체계화되었다. 피셔는 단순한 비교가 아닌, 다양한 조건을 조합해 실험을 설계함으로써 인과관계를 정교하게 분석하고자 했다. 예를 들어 비료의 종류, 토양 상태, 물의 양, 햇빛의 양 등을 함께 고려한 실험설계를 통해 단순히 "어떤 비료가 좋은가?"라는 질문에 머물지 않고 "어떤 조건에서 어떤 비료가 가장 효과적인가?"와 같은 복합적인 질문에도 답할 수 있는 것이다.

 실험계획법은 단순한 관찰을 넘어, 자연에 체계적으로 질문을 던지는 방식이다. 특정 조건을 조작하고 결과를 관찰함으로써 그 조건이 결과에 미치는 영향을 검증할 수 있다. 표본조사가 전체 집단의 현재 상태를 일부를 통해 추정하는 방식이라면, 실험계획법은 정원사가 서로 다른 조건을 주며 나무를 기르고 그 결과를 비교해보는 것과 같다. 이처럼 실험계획법은 인과관계를 밝히는 데 훨씬 더 강력한 도구다.

 실험계획법을 적용한 대표적인 예 중 하나는 A/B 테스트다. 이는 두 가지 또는 그 이상의 대안을 무작위로 사용자에게 할당해 어떤 것이 더 나은지를 비교하는 실험이다. 예를 들어 한 쇼핑몰에서 구매 버튼의 색상을 변경했을 때 그것이 실제 구매율에 영향을 미쳤는지를 확인하려면, 방문자를 무작위로 나눠 한 그룹은 기존 색상을, 다른 그룹은 변경된 색상의 버튼을 보게 한다. 이후 두 그룹의 구매율을 비교해 유의미한 차이가 지속적으로 나타난다면 버튼 색상이 구매 행동에 영향을 미쳤다고 판단할 수 있다. 무작위 배정은 교란 변수를 양쪽 그룹에 고르게 분산시켜 인과관계를 더 명확하게 드러낸다.

 의학 연구에서는 더욱 정교한 실험설계가 요구된다. 대표적인 방식이 이중맹검 실험이다. 이 방식은 연구자와 피험자 모두 누가 실제 약을 받았는지 모르게 해서, 약의 순수한 효과만 측정할 수 있도록 설계된다. 예를 들어 고혈압 치료제 실험에서는 일부 환자에게는 실제 약을, 다른 환자에게는 가짜 약(placebo)을 투여하고, 간호사조차 누가 어떤 약을 받았는지 알지 못한 상태에서 혈압을 측정한다. 데이터 분석 역시 그룹 정보를 숨긴 채 진행되며, 연구가 종료된 후에야 각 그룹의 실체가 공개된다. 이런 설계를 통해 관찰자 편향을 방지하고 약의 효과를 확인할 수 있다.

실험이 어려운 경우에는 관찰 데이터를 바탕으로 통계적 방법을 활용해 인과를 추론하기도 한다. 2003년 노벨경제학상을 수상한 경제학자 클라이브 그레인저는 시계열 데이터에서의 인과성 검정을 제안했다. 그의 인과관계 검정은 변수 X의 과거 값이 변수 Y의 미랫값을 예측하는 데 도움이 되는지를 분석함으로써 통계적 수준에서 인과관계를 평가한다. 다만 여기서 말하는 인과관계는 철학적이거나 절대적인 인과가 아니라 예측 가능성을 중심으로 한 통계적 인과일 뿐이다.

실험계획법이 아무리 강력한 도구라고 해도 모든 상황에서 적용될 수 있는 것은 아니다. 윤리적 제약, 비용과 시간의 한계, 현실과의 괴리 등으로 인해 실험할 수 없는 경우가 많다. 예를 들어 흡연이 폐암을 유발하는지를 알아보려고 일부러 사람들에게 담배를 피우게 하는 실험을 설계하는 것은 윤리적으로 허용되지 않는다. 이러면 관찰 데이터를 바탕으로 간접적으로 인과를 추론할 수밖에 없다.

인과관계를 밝히는 일은 단순한 호기심을 넘어 의학에서는 치료

법 개발, 경제학에서는 정책 효과 평가, 기업에서는 제품 전략 수립 등 다양한 분야에서 중요한 의사결정의 근거가 된다. 따라서 단순한 상관관계를 넘어 인과관계를 밝히려는 노력은 과학적 사고의 정수이자 데이터 기반 사회에서의 핵심적인 사고방식이라 할 수 있다.

6장

변하는 것과 변하지 않는 것

매일 아침이 되면 어김없이 해가 뜬다. 하지만 날씨는 변덕스럽다. 어떤 날은 춥고, 어떤 날은 바람이 분다. 오늘은 어떤 일이 내게, 우리 가족에게, 우리나라에 우연히 일어날지 모른다. 우리는 측정할 때마다 변하지 않는 것과 달라지는 것을 구분해가고 나름의 원칙(규칙)에 따라 살아간다.

서해안의 어느 바다 위에 철새 떼가 날아간다. 철새 떼 중 한 마리씩 구분해보면 그 새는 임의로 날아간다. 하지만 전체적으로 보면 새떼가 형태를 보이고 흩어졌다가 모이면서 움직인다. 철새들은 계절에 따라 이동하는 경로가 있다. 철새들은 전체적으로 날아가야 할 길을 잃지 않고 목적지에 갈 수 있고, 포식자를 피할 수 있다. 새들은 공기 저항을 줄이도록 V자 형태를 띠며 같이 날아가는데, 일정한 간격을 중심으로 가까워졌다가 멀어진다. 새들은 특별한 리더가 없다고 한다. 한 마리가 방향을 바꾸면 연쇄적으로 다른 새들이 움직임을 연쇄적으로 바꿔 전체 무리가 바뀌는 패턴이 생긴다.[1] 변하지 않는 이 패턴이 거대한 새떼가 조화를 이루면서 서로 부딪히지 않고 날아갈 수 있게 한다. 이런 새떼의 움직임을 무리 지능 또는 스웜 인텔리전스[2]라고 부른다.

우리도 크고 작은 선택을 스스로 한다. 그 선택은 임의적인 것처럼 보이지만 모아서 보면 나름의 상식과 규칙이 있다. 데이터들도 마찬가지다. 수많은 데이터를 같이 살펴보면 데이터들 속에 숨어 있는 관계와 패턴이 있다. 데이터들 속에 있는 관계와 패턴은 변하지 않는 이야깃거리다. 데이터에서 변하지 않는 것과 임의적으로 변해 우리가 예측할 수 없는 것을 구분해 데이터 속에서 변하지 않는 것을 찾는 것이 통계 분석에서 가장 중요한 일 중 하나다. 이때 변하지 않는 것을 통계 모형, 임의로 변하는 것은 오차항 또는 잡음(noise)[3]이라 부른다.

모든 모형은 틀렸지만, 어떤 모형은 유용하다

모형은 복잡한 세상의 현상을 단순화해서 이해하기 쉽게 만든 체계다. 자연과학, 사회과학, 공학 등 여러 학문 분야에서 모형은 핵심적인 역할을 한다. 우리가 어떤 현상을 분석하고 예측할 때, 모형은 지도와 같은 안내자 역할을 한다. 모형은 다양하다. 지구본이나 건축 모형처럼 물리적인 형태를 띠기도 하고, 기상도처럼 개념적인 형태를 띠기도 한다. 통계 모형은 불확실한 세상을 수학방정식에 오차항을 더한 형태를 띤다. 통계 모형은 복잡한 현실 문제를 수식으로 단순화하고 구조화해서 이해하기 쉽게 만들고, 그 모형을 바탕으로 문제를 해결하거나 예측할 수 있게 한다.

통계학자 조지 박스는 모형에 관한 깊은 통찰력을 담은 명언을 남겼다.

"모든 모형은 틀렸다. 그러나 어떤 모형은 유용하다."

이 문장은 모형의 본질과 한계를 정확히 포착하고 있다. 현실세계는 너무나 복잡하고 끊임없이 변화하기 때문에 어떤 모형도 모든 변수와 관계를 항상 완벽하게 반영할 수 없다. 따라서 모든 모형은 본질적으로 불완전하며, 단순화의 과정에서 오류가 불가피하다. 기상학자들이 대기 상태, 해류, 태양 활동을 비롯해 수많은 변수를 고려해서 정교한 모형을 만든다고 해도 대기 시스템의 미세한 변화까지 완벽하게 예측하는 것은 불가능하다.

박스는 모형은 완벽하지 않더라도 유용하다는 점을 강조했다. 실제로 오늘날의 기상 예측 모형이 완벽하지는 않지만 농업 계획, 항공 운항, 재난 대비 등에 큰 도움을 주고 있다. 경제 모형, 질병 확산 모형 등도 마찬가지로 불완전하지만 의사결정과 문제 해결에 귀중한 통찰력을 제공한다. 모형은 단순한 수학적 공식이 아닌, 현실을 이해하고 개선하기 위한 도구이며, 현실 그 자체가 아닌, 현실을 바라보는 창이다. 이 창을 통해 우리는 복잡한 세상을 더 명확하게 이해하고 더 나은 결정을 내릴 수 있다. 모형의 불완전함을 인정하면서도 그 유용성을 최대한 활용하는 지혜로운 접근 방식이 필요하다.

박스의 말은 경제 모형을 이해하는 데 도움이 된다. 예를 들면 오쿤의 법칙[4]과 필립스곡선[5]은 거시경제 변수의 중요한 관계를 설명하는 대표적인 모형이다. 오쿤의 법칙과 필립스곡선이 모든 시대, 모든 국가에서 완벽하게 성립하지 않는다.[6] 하지만 이 두 모형은 거시경제의 흐름을 파악하고 정책을 설계하는 데 유용한 도구로 여전히 활용되고 있다.

통계 모형은 어떻게 만들까

프랜시스 골턴은 19세기 후반, 부모와 자녀의 키 사이의 관계를 연구하면서 흥미로운 패턴을 발견했다. 그는 부모의 키가 매우 크다면 자녀의 키도 평균보다 클 가능성이 높지만, 부모만큼 극단적으로 크지는 않고 평균값에 더 가까워지는 경향이 있음을 확인했다. 반대로 부모의 키가 매우 작다면 자녀의 키도 평균보다 작지만, 부모만큼 극단적으로 작지는 않았다. 골턴은 이런 현상을 "평균으로의 회귀"라고 명명했고, 이는 회귀분석의 기초가 되었다. 당시 골턴은 유전적 관점에서 이 현상을 설명하려 했지만, 이후 칼 피어슨에 의해 회귀분석이 수학적으로 정리되면서 보다 일반적인 데이터 분석 기법으로 발전했다.

오늘날 회귀분석은 단순히 유전 연구뿐만 아니라 경제학, 심리학, 생물학, 사회과학 등 다양한 분야에서 핵심적인 도구로 사용된다. 회귀분석의 본질은 변수들 간의 관계를 찾아내어 한 변수를 다른 변수로 예측하는 것이다. 예를 들어 학생들의 시험 성적을 예측하려면 학습 시간이나 기존 성적 같은 변수를 활용할 수 있다. 특정 변수와 관련된 데이터를 충분히 수집하고 그 관계를 수학적 함수로 표현하면 미래의 값도 예측할 수 있는 모형을 만들 수 있다.

1년 후의 당뇨병 진행 상태(Y)를 체질량지수값(BMI)의 표준화된 값(X)의 선형함수로 추정하려고 한다.[7] 두 변수 X, Y의 관측값을 x_i, y_i라고 할 때, 회귀모형을 다음과 같이 설정할 수 있다. 여기서 β_0와 β_1은 알 수 없는 회귀계수이고, ε_i는 임의적인 오차항이다.[8]

$$y_i = \beta_0 + \beta_1 x_i + \varepsilon_i$$

먼저 442명의 데이터로 X, Y의 산점도를 그려보고, 산점도를 가장 잘 대표하는 직선을 그려보자. 그 직선을 찾는 과정은 앞의

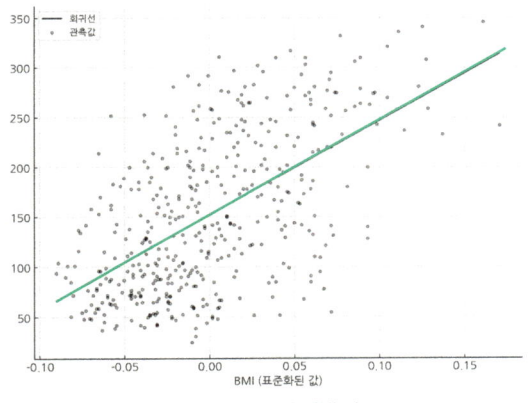

1년 후 당뇨병 진행 정도

모형식에서 β_0와 β_1에 값을 데이터로부터 구해 모형을 구체화하는 과정이다. 추정 결과는 다음과 같다.

$$\hat{y}_i = 152.13 + 949.44 \times x_i$$

회귀모형을 구체화할 때 가장 많이 사용되는 추정법은 최소제곱법(OLS)이다. 최소제곱법은 종속변수와 설명변수 간의 관계를 나타내는 최적의 직선을 찾는 방법으로, 19세기 초 르장드르, 가우스, 라플라스 등에 의해 발전되었다. 기본적인 원리는 실제 데이터와 모형이 예측한 값 사이의 차이인 잔차의 제곱합을 최소화하는 직선(또는 초평면)을 찾는 것이다. 이를 통해 새로운 데이터를 입력했을 때 가장 합리적인 예측을 할 수 있는 회귀모형을 만들 수 있다. 만약 오차항이 특정한 확률분포를 따른다고 가정한다면 최대가능도추정법을 활용해 회귀계수를 추정할 수 있다.[9]

다음으로 회귀모형식이 맞는지 점검하는데, 이는 오차항의 대용변수로 사용되는 것이 잔차다. 잔차는 실제 데이터와 추정값의 차이로, 임의적이면 더이상 모형을 개선할 수 없다고 보고 회귀모형이 적절하다고 판단한다. 반대로 잔차에 특정한 패턴이 있다면 회귀모형의 가정이 위배되었거나 설명하지 못한 중요한 변수가 누락되었을 가능성이 있으므로 회귀모형을 다시 작성한다. 잔차가 무작위적이라면 우리는 해당 회귀식을 통해 1년간의 당뇨병 진행 상태를 체질량지수로 예측하는 데 사용할 수 있다.

와인 가격을 어떻게 평가할까

와인의 가치를 평가하는 일은 오랫동안 전문가들의 판단과 주관적인 경험에 의존해왔다. 와인은 병에 담겨 판매되기 때문에 소비자가 와인을 사기 전에 직접 맛볼 수 없다. 일반적으로 비싼 와인을 좋은 품질일 것이라고 기대한다. 그런데 가격보다 맛이 떨어지는 와인도 적지 않다. 프린스턴대학교 경제학과 교수인 올리 애센펠터는 회귀모형을 활용해 와인 가격을 결정하는 공식을 만들었고, 그 유용성을 입증했다. 그는 이 와인평가 모형을 통해 와인 평가의 기준을 주관적인 판단에서 통계 모형을 기반한 객관적인 판단으로 전환해서 와인 평가의 패러다임을 바꾸었다.

와인의 가격은 오랫동안 와인 감정가의 감각적 평가, 와인 생산지역과 생산자의 역사적 평판, 와인 구매자의 인식에 따른 수요에 의해 결정되어 왔다. 이런 와인 감정가 중심의 평가 방식에는 몇 가지 문제가 있었다. 첫째, 같은 와인에 대해 평가자마다 점수가 크게 다를 수 있어 일관성이 부족하다. 둘째, 새로운 빈티지(포도를 수확한 연도)의 품질과 가치를 객관적으로 예측할 방법이 없다. 셋째, 와인의 품질을 오로지 감정가의 판단에 의존해야 한다. 넷째, 와인 생산자와 감정가 간의 관계 또는 개인적인 취향에 따라 평가가 왜곡될 수 있다.[10]

애센펠터는 1952~1980년 기후 데이터를 바탕으로 한 회귀분석을 활용해 보르도와인의 가격(품질)을 예측하는 회귀모형을 만들었다.[11] 그는 최고 품질의 와인 빈티지는 겨울철에 강수량이 많고, 성장기인 4~9월에는 기온이 높으며, 수확기인 8월과 9월에는 비가 적게 온다는 조건으로 생산된 포도에 결정된다는 사실을 알게 되었다. 그리고 보르도와인은 시간이 지나면서 맛이 좋아지므로 좋다고 판단되는 와인을 초기에 사서 보관하는 것이 경제적으로 유리하다고 파악했다. 그는 와인의 초기 시장가격은 와인 감정가에 의해 주로 결정되지만 틀리는 경우도 많다는 사실도 파악했다.

와인 가격을 1952~1980년(1954년, 1956년 제외) 데이터를 회귀모형으로 추정한 결과는 다음과 같다.[12]

$$log(와인\ 가격) = -12.145 + 0.0354 \times 빈티지\ 연령 + 0.616397\ 성장기\ 평균\ 기온 + 0.00117 \times 생육기\ 이전\ 강수량 - 0.0386 \times 8월\ 강수량$$

추정 결과에 따르면 빈티지가 오래될수록 희소성이 증가해서 와인 가격이 상승하는 경향이 나타났다. 또한 포도의 생장기 평균기온이 높을수록 포도가 더 잘 익어 품질이 높아지고, 이에 따라 가격도 상승하는 것으로 분석되었다. 반면 수확기인 8월에 강수량이 많을 경우 과도한 수분이 포도의 당도를 희석시켜 품질을 떨어뜨리고, 결과적으로 와인 가격도 하락하는 경향이 있었다. 반대로 겨울철 강수량이 많으면 포도나무가 건강하게 자라며, 이는 와인의 품질과 가격에 긍정적인 영향을 주는 것으로 나타났다. 이와 같은 설명변수들은 와인 가격(로그값)의 변동을 82.8%나 설명하는 것으로 나타났다. 즉 애센펠터는 이 회귀 방정식을 통해 와인의 품질과 미래 가격을 정확하게 예측할 수 있었다.

애센펠터의 모형이 등장하자 와인업계, 특히 영향력 있는 와인 감정가들의 반응은 대체로 부정적이었다. 미국에서 가장 영향력 있는 와인 감정가 중 한 명인 로버트 파커는 애센펠터의 연구가 불합리하다고 비판했다. 파커는 100점 만점의 점수 체계를 사용해 와인을 평가했으며, 그의 평가는 실제 와인 가격에 큰 영향을 미쳤다. 그는 색, 향, 맛, 질감, 여운 등 와인의 복합적인 특성, 수천 가지 와인을 시음한 경험에 기반한 직관적인 판단, 그리고 와인 생산 직후 직접 시음을 통해 평가하는 방식을 고수했다.[13]

반면에 애센펠터의 회귀모형은 여러 빈티지에서 뛰어난 예측력을 보여주었다. 그는 와인이 아직 숙성 중일 때인 1989년, 그해 보르도 지역의 더운 성장기와 건조한 수확 조건을 근거로 '세기의 와인'이 될 것으로 예측했다. 당시 많은 전문가는 이 예측을 조롱했지만, 결과적으로 1989년산 와인은 1961년산 빈티지보다 높은 프리미엄으로 거래되며 그의 주장이 실현되었다. 나아가 그는 1990년산 빈티지가 1989년산 빈티지를 능가할 것으로 예측했다. 이에 대해 와인 감정가들은 '세기의 와인'이 연이어 나올 수 없다며 부정적인 반응을 보였지만, 시간이 흐른 뒤 이 두 빈티지는 모두 20세기 후반의 위대한 빈티지로 인정받았고, 1990년산은 실제로 1989년산보다 더 우수하다는 평가를 받았다.[14]

물론 애센펠터의 모형은 한계도 있다. 지역적 차이, 양조자의 기술력, 토양의 미생물 생태, 양조 방법 등 정량화하기 어려운 요소들은 모형에 반영되지 않는다. 또한 기후변화로 인한 극단적인 기상 조건에는 취약할 수 있다. 그럼에도 불구하고 그의 모형은 와인 평가, 가격 책정, 투자 전략 등 다양한 측면에 실질적인 변화를 불러왔다. 무엇보다 기후 데이터라는 측정 가능한 정보에 기반한 평가는 객관성과 재현성을 제공했고, 이는 과거의 감정가 중심 평가 방식과는 뚜렷이 대비되었다.

애센펠터의 모형은 와인이 아직 통에 있거나 심지어 수확되기 전에도 품질을 예측할 수 있게 함으로써 와인 투자자들의 정보 접근 방식에도 큰 변화를 일으켰다. 모든 투자자가 같은 기후 데이터에 접근할 수 있게 되면서 특정 감정가의 의견에 의존하던 정보 불균형이 줄어들었다. 이에 따라 보르도와인 산업은 애센펠터의 연구를 비판했는데, 이는 수 세기 동안 이어져 온 전통적인 평가 방식이 위협받는다는 인식 때문이었다. 애센펠터의 회귀모형 이후 연구자들은 와인 품질 예측 모형을 더욱 정교화하고 확장해왔다. 최근에는 머신러닝과 인공지능 기술을 활용해 복잡한 패턴을 포착하는 고급 예측 모형들이 개발되고 있다.[15]

애센펠터의 회귀모형은 와인 평가의 방식을 주관적 판단에서 객관적 데이터 분석으로 전환한 획기적인 이정표였다. 그의 접근은 단순한 통계 기법을 넘어, 정량적 분석과 전문성의 조화를 통해 와인시장을 더 투명하고 효율적인 방향으로 이끄는 데 크게 기여했다.

작은 모형이 아름답다, 오캄의 면도날

솔로몬 셰레셰프스키는 1920년대에 활동한 소련의 언론인이다.[16] 그는 한 번 본 정보는 절대로 잊지 않는 강력한 기억력을 가졌다. 일반적으로 사람들은 시간이 지남에 따라 정보를 자연스럽게 잊고, 중요하거나 반복적으로 접한 정보만을 기억하는 경향이 있다. 그러나 그는 숫자나 단어 하나하나까지도 완벽하게 기억했으며, 몇 년이 지나도 그대로 떠올릴 수 있었다. 하지만 모든 정보를 남김없이 기억한다는 것이 장점만 있는 것은 아니었다. 우리는 일상생활에서 불필요한 정보는 자연스럽게 망각함으로써 개념을 요약하고 패턴을 인식할 수 있다. 그러나 그는 의미 없는 세부 사항까지 모두 기억했기 때문에 일반적인 패턴을 파악하거나 개념을 추상화하는 데 어려움을 겪었다.

이 사례는 모형의 복잡성에 관한 중요한 통찰을 제공한다. 우리가 복잡한 세상을 설명하기 위해 수많은 변수를 포함한 모형을 만들려고 할 때, 처음에는 몇 개의 변수로 시작하지만, 설명되지 않는 현상이 생길수록 변수는 점점 더 추가되고 모형은 복잡해진다. 하지만 회귀모형에 데이터 수보다 너무 많은 변수를 추가하면 모형은 학습 데이터에 과도하게 적합되는 과적합의 문제가 발생된다. 과적합된 모형은 학습 데이터에는 잘 맞지만 새로운 데이터에는 예측력이 떨어진다. 이는 시험에서 개념을 이해하지 않고 기출문제만 암기한 경우, 기출문제는 잘 풀지만 조금만 다르게 나온 새로운 문제는 풀지 못하는 것과 같다.

우리는 세계를 이해하기 위해 점점 복잡한 모형을 만든다. 그러나 복잡한 모형이 항상 좋은 것은 아니다. 특히 의사결정을 할 때 너무 많은 변수를 고려하다 보면 결정 시기를 놓치는 경우가 많다. 오히려 우리는 단순하면서도 강력한 모형을 좋아한다. 이는 '오캄의 면도날'의 원리에 기반한 사고방식이다.[17] 이 원리는 불필요한 가정을 배제하고 가장 단순한 설명을 선택해야 한다는 원리다. 이 원리를 설파한 윌리엄 오캄에 따르면 "무언가를 다양한 방법으로 설명할 수 있다면 우리는 그중에서 가장 적은 수의 가정을 사용해서 설명해야 한다." 만약 우리가 세레셰프스키처럼 모든 정보를 남김없이 기억한다면 우리는 혼란과 정보 과부하 속에서 제대로 의사결정을 하기 어려울 것이다. 반면에 우리의 뇌는 중요한 정보만을 남기고 불필요한 것들은 제거하는 방식으로 작동한다. 즉 우리의 뇌의 기억은 오캄의 면도날 원칙을 따른다고 할 수 있다.

의료 데이터에서 환자의 질병 가능성을 예측하는 모형이 있다고 가정해보자. 만약 수십 개의 변수로 구성된 복잡한 모형이라면 의사가 이를 이해하고 신속하게 활용하기 어려울 것이다. 하지만 몇 개의 핵심 변수만 사용하는 단순한 모형이라면 의료진이 쉽게 해석하고 환자 치료에 즉시 적용할 수 있다.

오캄의 면도날은 회귀모형뿐만 아니라 다양한 분석에서 중요한 원칙이다. 우리는 종종 복잡한 모형이 더 정교하고 정확할 것으로 생각하지만, 실제로는 단순한 모형이 더욱 일반화 능력이 뛰어나고 실용적일 때가 많다. 결국 과도한 장식을 걷어내고 본질적인 패턴을 포착하는 것이 진정한 아름다움이 아닐까.

외환위기와
거시계량경제모형

 필자는 1990년대 말 한국은행에서 우리나라의 거시계량경제모형을 만들고 운영하는 일을 담당했다. 거시계량경제모형은 국내총생산(GDP), 물가, 금리, 실업률 등 거시경제 변수들 간의 관계를 경제 이론을 바탕으로 통계적으로 표현한 모형이다. 이는 여러 경제 변수의 결정 방정식을 경제 통계를 기반으로 추정하고, 이들을 연립방정식 형태로 연결해서 시점별로 풀어나가는 방식으로 구성된다.[18] 이 모형을 구축하려면 상당한 시간이 소요된다. 완성된 모형은 우리나라 경제의 움직임을 예측하고, 기준금리 인하와 같은 정책 변화가 GDP나 소비자물가에 미치는 영향을 분석하는 데 활용된다.

 필자가 참여해서 1997년에 만든 거시계량경제모형[19]은 안타깝게도 1997년 말에 발생한 IMF(국제통화기금) 외환위기를 예측하지 못했다. 거시계량경제모형과 같은 통계 모형은 과거의 데이터를 기반으로 설계되기 때문에 외환위기와 같은 갑작스러운 사건을 예측하는 데 한계가 있다. 당시 이 모형은 경제 회복이 어려울 것이라는 전망은 제시했지만, 경기둔화가 외환위기로 이어질 것이라는 결론에는 도달하지 못했다. 이는 철학자 버트란트 러셀이 말한 귀납적 오류의 전형적인 사례로, 과거 데이터에 기반한 예측이 예상하지 못한 전환점에서 무력해질 수 있음을 보여준다. 거시계량경제모형은 외환위기 직후 비난의 대상이 되었다.

IMF 외환위기가 어떻게 진행되었는지 살펴보자. 1997년 외화보유액이 급격히 감소하며 국가 부도의 위기에 몰린 우리나라 정부는 그해 11월 21일 IMF에 구제금융을 신청했다. IMF는 12월 지원금을 지원하기 시작했다. IMF는 195억 달러 규모의 금융 지원을 하면서 한국 경제를 안정시키기 위해 금융·경제 구조의 개혁을 요구했다. 구체적으로 보면 IMF는 우리나라에 고금리, 긴축재정, 금융과 기업 구조조정, 노동시장 유연화, 자본시장 개방, 환율제도 개편 등을 가혹하게 요구했다. 이에 따라 10~15%로 움직였던 우리나라 콜금리가 1998년 초 25%를 넘어섰으며, 원/달러 환율도 2,000원을 넘기도 했다. 당시 IMF가 추구했던 경제 목표가 있었는데, 경상수지 20억 달러 적자, 물가상승률 5%, 경제성장률 3%로 두었다.

거시계량경제모형은 위기의 발생을 예측하지는 못했지만, IMF의 정책 조합이 목표 달성에 부적합하며 우리 경제구조를 심각하게 훼손할 수 있다는 분석 결과를 도출했다.[20] 모형은 고금리로 인한 내수(소비와 투자) 침체로 인해 3%의 성장률 달성이 어렵고,

환율 자유화로 수입 감소와 환율 상승이 겹쳐 경상수지는 흑자를 기록할 가능성이 높으며, 이에 따라 소비자물가 상승률은 5%를 초과할 것으로 분석했다. 이와 같은 분석은 한국 정부와 한국은행이 IMF에 지나친 고금리를 완화할 것을 지속적으로 요구하는 근거 중 하나가 되었다. 실제로 1998년 하반기에는 금리가 빠르게 인하되었다.

1998년, 한국은행은 물가안정목표제를 도입했다. 당시 이미 이 제도를 시행 중이던 영란은행의 조사 담당 이사가 한국을 방문했고, 필자는 1979년 영국 파운드화 가치 급락으로 인한 외환위기를 언급하며 "당시 영국의 거시계량모형은 위기를 예측했는가?"라는 질문을 던졌다.[21] 그는 모형이 예측에 실패했음을 인정하며, "모형은 방정식으로 표현된 중앙은행의 입장"이라고 말했다. 이 관점은 모형의 본질을 생각하게 한다. 거시계량경제모형은 단순히 미래를 정확하게 예측하는 도구가 아니라 중앙은행이 경제를 어떻게 이해하고 해석하는지를 체계적으로 표현한 소통 도구다. 복잡한 경제 변수 간의 관계와 파급 경로를 명시적으로 드러냄으로써 정책 입안자들의 사고방식을 구조화하고 투명하게 공유하는 역할을 수행한다. 필자가 한국은행에서 만들었던 모형도 마찬가지로, 그동안 축적되어 온 한국은행의 입장을 데이터를 기반으로 방정식으로 다시 표현한 것이었다.

빅데이터 시대와 통계 분석 패러다임의 전환

21세기 이전에는 데이터의 양이 매우 적었다. 데이터는 자연스럽게 수집되는 것이 아니라 조사나 실험을 통해 얻어야 했으며, 양질의 데이터를 확보하려면 많은 시간과 비용이 필요했다. 데이터를 충분히 처리할 수 있는 컴퓨터도 없었기에 계산능력도 크게 부족했다.[22] 이 시대는 '스몰 데이터' 시대였다. 따라서 1960년대까지의 통계학은 수학적 기반 위에 모집단의 특성을 추론하는 방법을 개발하는 데 집중했다. 통계학은 일정한 모집단의 가정[23] 하에서 데이터를 공정하게 수집하고, 이를 통해 모집단의 특성을 합리적으로 추정하는 절차적 과학이었다.

이 시기의 통계학은 '좋은 데이터+공정한 절차=올바른 결과'라는 신념을 바탕으로 발전했다.[24] 물론 좋은 데이터를 사용하더라도 항상 좋은 결과가 나오는 것은 아니지만, 통계 분석에서는 데이터가 통계적 가정을 충족하는지, 공정하게 수집되었는지를 검토하고, 그에 맞는 방법론을 적용함으로써 결과의 신뢰성을 확보하려 했다. 이는 형사재판에서 증거가 공정하게 수집되고, 피고인의 방어권이 보장되는 등 정당한 절차가 확보되었을 때 판결 결과에 대한 정당성이 확보되는 것과 유사하다. 절차 중심의 통계적 판단은 신약 개발, 정책 수립, 품질관리 등 다양한 분야에서 소수의 양질의 데이터를 기반으로 의사결정을 가능하게 했다. 과학적인 연구와 사회제도의 근간에는 이런 절차적 통계 추론이 자리잡고 있었다.

그러나 21세기에 들어서면서 데이터 환경은 급격히 변화했다. 스마트폰, 센서, 인터넷, 소셜미디어, 자율주행차 등에서 생성되는 실시간 데이터는 그 양과 속도, 형태 면에서 과거와는 비교할 수 없을 정도로 방대하다. 여기에 클라우드 컴퓨팅과 그래픽처리장치(GPU), 병렬처리 등 컴퓨팅 기술이 비약적으로 발전하면서 과거에는 불가능했던 데이터 처리와 분석이 가능해졌다. 이런 빅데이터 시대의 도래는 통계학에 새로운 기회와 동시에 커다란 도전을 안겨주었다. 빅데이터는 공정하게 수집된 것이 아니며, 인종, 성별, 연령 등과 관련된 편의와 측정 오류가 다수 존재한다. 또한 표본 수가 지나치게 크면 사소한 차이도 통계적으로 유의미하게 나타나는 현상이 발생해(유의확률이 0에 수렴), 실질적 중요성이 없는 결과가 과도하게 해석될 위험이 커졌다.[25]

이런 환경에서 기존의 절차적 통계학은 한계를 드러냈고, 그 자리를 머신러닝이라는 알고리즘 기반 접근법이 빠르게 대체하고 있다. 머신러닝은 데이터를 학습용과 시험용으로 나누고, 정답(레이블)이 있는 학습 데이터를 블랙박스 알고리즘(예: 신경망)에 입력함으로써 스스로 데이터 속의 패턴을 학습하고 새로운 데이터를 예측하는 모형을 만든다. 이는 사용자가 직접 수식을 설계하던 전통적인 통계 모형과는 전혀 다른 접근이다. 에프론과 헤이스티는 저서 《컴퓨터 시대의 통계적 추론》(2016)에서 머신러닝을 기존 통계학의 철학과 동떨어진, "무신론적 접근"이라고 표현했다. 실제로 현대의 데이터 분석 방법은 기존 통계학의 신념인 '모형의 단순성과 절차의 정당성'보다 예측력 그 자체를 중심으로 발전하고 있다. 특히 딥러닝과 대규모 언어 모델(LLM)의 발전은 '모형이 커질수록, 데이터가 많을수록 성능이 좋아진다'는 스케일링 법칙을 증명하며, 통계학의 전통적 미덕인 오캄의 면도날, 즉 단순한 모형의 우선과 배치되는 현상을 보여준다.

머신러닝 모형은 그 내부 작동 과정을 설명하기 어려운 블랙박스이지만, 예측 정확도 면에서는 기존 통계 모형보다 훨씬 우수하다. 예를 들어 바둑 경기에서 기존 기보에서는 전혀 보이지 않던 '이상한 수'가 실제로 승리를 이끈다면, 그 수는 결과적으로 옳은 수로 간주한다. 마찬가지로 외국어 문장을 번역한 결과가 자연스럽고 설득력 있다면, 그것이 기계 번역이든 사람이 번역한 것이든 그 번역은 '좋은 번역'으로 평가된다. 이런 변화는 우리가 오랫동안 믿어 온 "좋은 데이터에 공정한 절차를 적용하면 올바른 결과가 나온다"는 통계학적 이상을 흔들기 시작했다. 실제로 2016년과 2020년 미국 대선, 영국의 브렉시트 관련 여론조사들은 모두 기존의 절차적으로 공정해 보이는 통계적 방법이 현실을 제대로 예측하지 못했음을 보여주었다. 과거 품질 혁신의 상징이었던 모토로라와 GE 같은 기업들도 절차 중심의 사업 모형을 버렸다.

　기계 번역의 발전 과정처럼 앞으로의 데이터 분석 역시 '규칙 기반→양질의 데이터 기반 통계 분석→빅데이터 기반 딥러닝'으로 진화할 것으로 보인다. 이 변화는 우리에게 하나의 메시지를 던진다. "절차가 공정하다고 해서 결과가 반드시 옳은 것은 아니다." 이제는 반대로 "결과가 지속적으로 좋다면 그 절차는 합리적인 것"이라는 관점을 받아들이고, 절차보다 결과를 중심으로 사고하는 통계학의 패러다임 전환을 마주해야 한다.

7장

데이터, 세상을 보여주다

우리는 매일같이 수많은 데이터와 마주한다. 주식 시장의 지표, 뉴스 속 통계, 보고서에 나열된 수치들. 그러나 그 숫자들이 의미하는 바를 단번에 파악하기란 쉽지 않다. 데이터는 어디에나 있지만, 그것을 이해한다는 것은 전혀 다른 문제다. 그래서 필요한 것이 있다. 바로 데이터를 '보는 힘', 즉 데이터 시각화다. 데이터 시각화는 복잡하고 방대한 정보를 눈에 보이는 형태로 바꿔 우리가 직관적으로 이해할 수 있도록 한다. 인포메이션 디자이너이자 저널리스트로 활동하는 데이비드 맥캔들리스는 2010년 TED 강연에서 데이터 시각화에 대해 이렇게 말했다.

"정보로 우거진 밀림을 헤매다가 아름다운 도표와 사랑스러운 데이터 시각화를 만나면 마음이 편해집니다. 우거진 밀림에서 쉼터를 만나는 느낌입니다."[1]

그림이 많은 것을 말한다

동물의 수명이 얼마나 되는지 알고 있는가? 개, 고양이, 닭 중에서 누가 제일 오래 살까? 동물에 관심이 없다면 쉽게 떠올리기 어려운 질문이다. 통계학자 네이선 야우는 반려동물의 평균 기대수명을 시각화한 그래프를 만들었다.[2] 그는 반려동물은 같은 종 내에서도 수명의 편차가 있어서, 수명을 하나의 값이 아니라 구간으로 표현했다. 그의 시각화 결과 중 개, 고양이, 닭의 수명만을 추려 다시 시각화해보면, 평균적으로 고양이가 가장 오래 사는 것으로 나타난다.

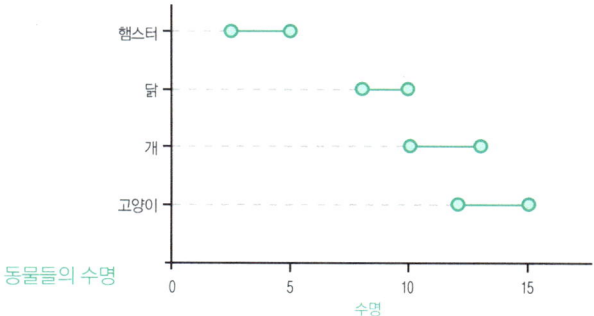

동물들의 수명

오스트리아 과학철학자 오토 노라이트는 1939년대 백과사전에 "동물의 수명은 얼마나 될까?"를 독창적으로 시각화했다.[3] 그는 한 페이지 가득 긴 선으로 연대표를 그리고, 그 위에 아이소타입(그림 언어) 방식으로 그린 동물들을 평균수명 순서대로 배치했다. 이 도표에서 동물들은 포유류, 새, 기타 척추동물, 무척추동물로 분류되어 있으며, 각각 다른 색으로 구분되어 있다. 이 도표 단 한 장으로 다양한 동물의 수명을 직관적으로 비교할 수 있다. 이처럼 복잡한 수치를 그림으로 바꿔 이해를 돕는 방식이 데이터 시각화다.

일반적으로 사람은 7개 이상의 숫자를 동시에 기억하거나 해석하기 어렵다. 하지만 그래프는 100개 이상의 데이터를 한눈에 보여줄 수 있다. 이는 인간의 뇌가 정보를 처리할 때 50% 이상을 시각에 의존하기 때문이다. 데이터 분석에서는 다양한 수학적·통계적 모형이 사용되지만, 하나의 그래프가 더 강력한 통찰을 줄 때가 많다. 선그래프, 막대그래프, 히스토그램, 상자그림 등 다양한 시각화 도구는 단순히 데이터를 '그리는 것'을 넘어 데이터에 숨어 있는 의미를 발견하고 다른 사람과 효과적으로 소통하는 수단이 된다. 특히 방대한 양의 데이터를 다룰 때, 데이터 시각화만큼 강력한 도구는 없다.

'백문이 불여일견(百聞不如一見)'이라는 말이 있다. 이 말은 백 번 듣는 것이 한 번 보는 것보다 못하다는 뜻이다. 서양에도 비슷한 표현이 있다. "한 장의 그림이 천 마디 말보다 더 많은 것을 말

해준다." 이런 말은 데이터 시각화의 힘을 잘 설명해준다.

2005년 8월 23일, 스티브 잡스는 스탠퍼드대학교 졸업식에서 유명한 연설을 했다. 이 연설은 그가 자신의 삶의 경험을 바탕으로 졸업생들에게 전하는 메시지를 담고 있다.

"인생은 유한하며, 죽음을 의식할 때 진정 중요한 것이 보입니다. 남의 인생이 아닌 자신의 목소리와 직관에 따라 살아가야 합니다. 실패와 두려움에 흔들리지 말고, 늘 갈망하고 우직하게 새로운 도전을 이어가야 합니다."

이 연설을 단어 빈도를 기반으로 한 워드 클라우드로 시각화하면 어떤 모습일까? 빈도가 높은 단어일수록 크게 나타나며, 이를 통해 'death(죽음)', 'life(삶)', 'stay(머물러라)'와 같은 핵심 키워드가 강조된다. 이 그림만으로도 잡스가 어떤 메시지를 전달하려 했는지 짐작할 수 있다. 죽음, 삶, 선택에서 변화를 두려워하지 않았던 그의 연설 마지막 문장인 "Stay Hungry, Stay Foolish(늘 갈망하고 우직하게)"가 아직도 생각난다.

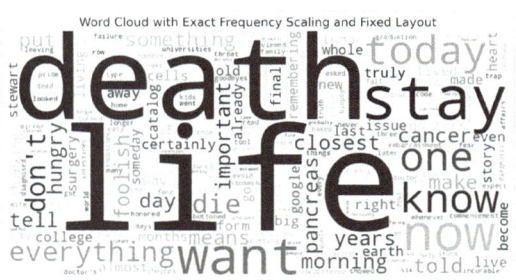

스티브 잡스의 스탠포드대학교 졸업식 강연 워드클라우드

데이터 너머의
이야기

 숫자 더미인 데이터를 정리해보면 그 속에는 이야기가 숨어 있다. 이처럼 무미건조한 숫자들을 공간 위에 시각적으로 표현하는 것이 데이터 시각화다. 시각화를 통해 우리는 특정 시점의 상황과 흐름, 맥락을 이해할 수 있다. 좋은 시각화는 단순한 정보 전달을 넘어 숫자 속에 담긴 이야기를 전한다.

 숫자만 나열된 표는 사람의 뇌를 거의 자극하지 않는다. 반면에 이야기가 있는 시각화는 시각은 물론 청각, 감정까지 아우르며 더 깊게 몰입하게 한다. 이런 이유로 이야기를 기반으로 한 시각화는 사람들의 관심을 끌고 통계를 이해하는 효과적인 수단이 된다.

 데이터 시각화의 궁극적인 목적은 '보이게 만드는 것'이다. 이 '보임' 속에서 사람들은 패턴을 읽고, 의미를 파악하며, 나아가 판단하게 된다. 복잡한 데이터를 단순하게 보여주고, 숨겨진 통찰을 드러내며, 다른 사람을 설득하고 사회적 의사결정에 도움을 준다. 이는 단순히 '보기 좋게' 만드는 일이 아니라 정보의 본질을 정확하게 전달하는 가장 강력한 방법이자 데이터가 현실과 만나는 접점이다. 우리가 데이터를 이해하고 공유하며 설명하고자 할 때, 시각화는 선택이 아니라 필수다.

우리가 익숙하게 사용하는 통계 기반의 데이터 시각화는 300년도 채 되지 않은 비교적 새로운 도구다.[4] 고대 로마인이나 아랍인들도 숫자를 능숙하게 사용했지만, 그 숫자들을 막대그래프나 선그래프로 그리지는 않았다. 과거의 시각화는 주로 '지도' 형태였다. 군대를 효율적으로 이동시키거나 대항해시대의 항로를 계획할 때 필요한 다양한 지도가 그 예다.

현대적 의미의 데이터 시각화는 17세기 프랑스 철학자 데카르트의 좌표계에서 출발했다. 데카르트는 관찰한 사물을 직사각형 좌표계 위에 배치하며 시각화를 시도했고, 이로써 수학적 표현과 시각적 표현의 연결이 시작되었다. 이 시기까지만 해도 데이터는 주로 표의 형태로 정리되어 분석되었다. 1686년, 영국의 천문학자 에드먼드 헬리는 기압과 고도 사이의 관계를 그래프로 분석했는데, 이는 오늘날 산점도와 유사한 형태였다.

18세기 영국의 자연철학자이자 신학자인 조지프 프리스틀리[5]는 1765년과 1769년에 각각 발간한 《전기 차트》와 《새로운 역사 차트》를 통해 역사적인 인물과 제국들의 생애와 연대를 정밀하게 시각화했다.[6] 이 두 책은 대중적으로 큰 인기를 끌며 사업적으로도 성공했다. 이 연대표로 소크라테스, 플라톤, 아리스토텔레스와 같은 철학자들, 그리고 알렉산더, 한니발, 시저 같은 정치가들의

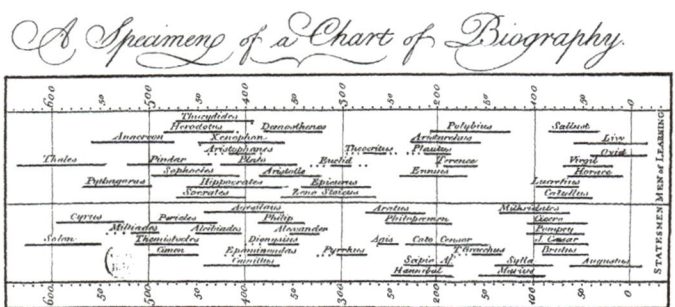

프리스틀리의 인물 전기 차트

생애를 시각적으로 비교할 수 있다. 이 차트를 통해 플라톤과 소크라테스가 동시대 인물임을, 아리스토텔레스와 알렉산더대왕이 연결되어 있었음을 직관적으로 확인할 수 있다.[7] 이 시각화는 현대의 타임라인, 간트 차트의 초기 형태로 평가받는다.

오늘날 신문이나 각종 보고서에서 선그래프, 막대그래프와 원그래프가 이용된다. 이 익숙한 데이터 시각화의 기본 형태를 처음 만든 인물은 18세기 스코틀랜드의 공학자이자 경제학자인 윌리엄 플레이페어였다.[8] 그는 선그래프, 막대그래프, 면적그래프, 원그래프 등을 처음 만들었다.

1786년, 그는 《상업 및 정치 지도》를 출간했다. 책 제목에는 '지도'라는 표현이 있지만, 실제로는 우리가 아는 지도는 없고 선그래프 39개와 막대그래프 1개가 있다. 당시 독자들에게는 낯선 방식이었다. 플레이페어는 표보다 차트가 기억하기 쉽고, 각 항목을 따로 보지 않아도 정보의 흐름을 한눈에 파악할 수 있다는 점을 강조했다. 그러나 프리스틀리와 달리 그의 책은 큰 성공을 거두지는 못했다.

1700~1780년까지 80년 동안 잉글랜드와 덴마크·노르웨이 사이의 무역 흐름을 보여주는 선그래프를 보자. x축은 연도, y축은 무역 금액이고, 2개의 선은 수출과 수입 금액을 각각 나타낸다. 이 선 사이의 면적은 무역수지를 의미한다. 그래프를 보면 1700년 이후 60년 동안은 무역적자가 지속되었지만 1760년 이후에는 흑자로 전환되었음을 알 수 있다.

1781년 스코틀랜드의 국가별 무역 규모를 보여주는 막대그래프에서 y축에는 국가가 나열되고, x축에는 수출과 수입 금액을 나타내는 2개의 막대가 그려져 있다. 이것은 스코틀랜드의 무역에 대한 데이터가 1년치밖에 없어서 만든 유일한 막대그래프다.

플레이페어 이후 데이터 시각화는 점차 모든 분야에 걸쳐 확산

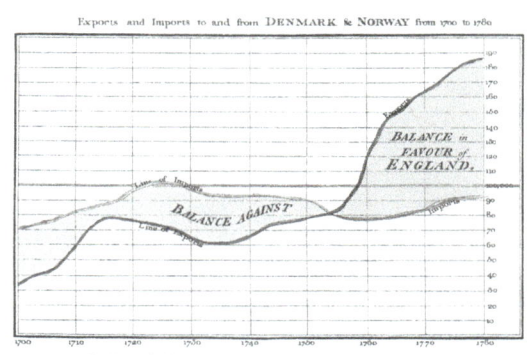

플레이페어의 선그래프

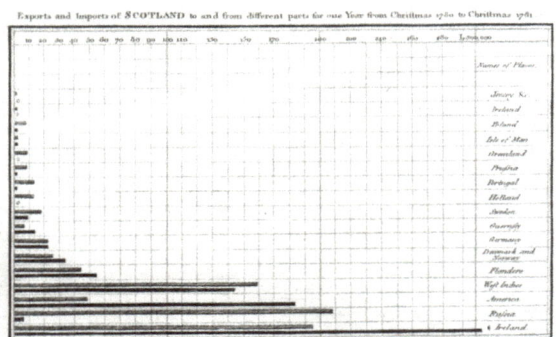
플레이페어의 막대그래프

되었고, 20세기에 들어 컴퓨터와 통계학의 발전으로 더욱 대중화되었다. 지금 우리가 사용하는 많은 시각화 방법은 여전히 윌리엄 플레이페어의 혁신 위에 만들어져 있다. 데이터 시각화는 단지 기술이 아니라 데이터에 숨겨진 이야기를 세상과 공유하는 가장 강력한 언어다.

러시아원정과 미나르의 데이터 시각화

1812년, 나폴레옹은 영국을 유럽 대륙에서 고립시키기 위해 대륙봉쇄령을 시행했다. 유럽 내 국가들과의 교역을 차단함으로써 영국 경제를 붕괴시키려는 전략이었다. 그러나 러시아가 이를 무시하고 영국과의 무역을 재개하자 나폴레옹은 이를 응징하기 위해 러시아원정을 단행했다.

그는 장기전에 돌입할 경우 파리에서 쿠데타가 일어나거나 다른 나라가 봉기할 위험이 있다고 판단해 속전속결로 전쟁을 마무리하려 했다. 프랑스군뿐 아니라 폴란드, 오스트리아, 프로이센 등에서 모인 유럽 연합군을 이끌고 러시아로 진격했다.

하지만 러시아는 병력 열세에도 불구하고 청야전술로 대응했다. 프랑스군이 식량을 조달하지 못하도록 땅을 불태우고 보급로를 차단한 것이다. 결과적으로 프랑스 연합군은 말 먹이 부족과 열악한 위생 환경, 전염병의 확산으로 전투 없이 병력의 절반가량을 6주 만에 상실했다.

프랑스군은 스몰렌스크와 보로디노 전투에서 승리를 거두며 9월 14일 모스크바에 입성했으나 도시는 이미 텅 비어 있었고, 불길에 휩싸여 폐허가 된 상태였다. 나폴레옹은 항복을 기대하며 모스크바에 5주간 머물렀지만, 러시아는 끝내 응하지 않았다. 결국 겨울이 다가오고 보급이 끊기자 그는 10월 19일 퇴각을 결심했다. 당시 남아 있던 병력은 출정 당시의 약 15% 수준이었다.

퇴각 중 러시아군은 게릴라전으로 프랑스군을 계속 추격했고, 추위와 기아 속에서 프랑스군의 병력은 급속히 줄어들었다. 11월 말 베레지나강에서 벌어진 전투에서는 공병대의 활약으로 간신히 강을 건너며 후퇴할 수 있었지만, 병력은 다시 큰 타격을 입었다. 결국 1813년 1월 5일, 살아서 돌아온 병력은 출발 당시의 2.3%에 불과했다. 러시아원정은 나폴레옹의 군대에 엄청난 타격을 입혔으며, 특히 기병과 포병의 손실이 심각했다. 이 참패는 나폴레옹 몰락의 결정적인 계기가 되었다.

프랑스의 토목기사 미나르는 1861년 이 비극적인 러시아원정을 시각화했다.[9] 이 도표는 단순한 지도나 그래프가 아니라, 육군의 이동과 병력 손실, 시간과 기후의 변화를 통합적으로 표현한 시각적 걸작이다. 상단의 플로우 지도는 나폴레옹 군대의 진격과 퇴각 경로를 보여준다. 연한 선은 프랑스군의 진격 경로, 검은색 선은 퇴각 경로를 나타낸다. 선의 두께는 각 지점에서의 병력 규모에 비례하며, 좌에서 우로 이어지는 선은 프랑스 국경에서 모스크바까지의 진격을, 다시 우에서 좌로 이어지는 검은 선은 퇴각 과정을 나타낸다. 지도에는 주요 도시와 강, 병력의 분기 및 재결합 지점이 표시되어 있으며, 각 지점에는 날짜가 함께 표기되어 원정의 시간적 경과도 파악할 수 있다. 하단에는 선 그래프로 퇴각 시기의 기온 변화를 시각화했다. 기온은 섭씨를 기준으로 표시되어 있으며, 11월 9일 영하 9도였던 온도는 11월 14일 영하 21도, 12월 1일에는 영하 30도까지 떨어졌다. 이 극심한 온도 하강은 병력 감소와 직접적으로 연결되었다.

출정 지점인 코브노(현재의 리투아니아 카우나스)에서 약 42만2천 명으로 시작된 프랑스군 병력은 모스크바 도착 시 10만 명으로 줄어든다. 퇴각 경로에서 검은 선이 급격히 가늘어지는 것은 혹독한 추위와 러시아군의 공격, 기아로 인한 대규모 병력 손실을 명확히 보여준다. 베레지나강은 특히 큰 손실을 입은 지점으로 강조되어 있다. 귀환 시 남은 병력은 약 1만 명, 전체의 2.3%에 불과

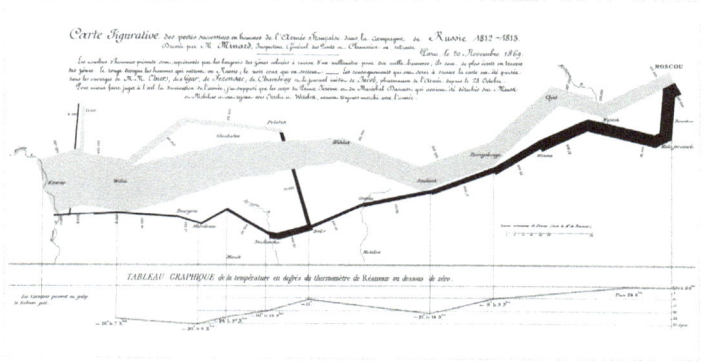

1812~1813년 러시아원정에서의 프랑스군 병력 손실 데이터 시각화

했다.

  미나르는 하나의 도표에 여러 정보를 통합했다. 선의 너비로 병력 규모를, 경로로 위도·경도 등 지리적 위치를, 색으로 진격과 퇴각을, 날짜로 시간을 표시했다. 그리고 병력 분기, 재결합 지점과 강과 도시를 표시했다. 하단 선그래프에 퇴각 당시 기온 변화를 표시했다. 미나르는 지도의 축척을 필요에 따라 조정하고 지형을 단순화해서 스토리텔링 중심의 정보 전달에 집중했다.

  1983년 에드워드 터프티는 미나르를 현대 데이터 시각화의 선구자로 재조명했다. 그는 미나르의 이 데이터 시각화를 "역사상 가장 위대한 통계 그래픽"이라고 평가했다.[10]

나이팅게일, 장미도표로 생명을 구하다

1854년 영국에서 만들어진 2개의 데이터 시각화, 플로렌스 나이팅게일의 장미도표와 존 스노우의 콜레라 지도는 데이터로 세상의 진실을 추적한 통계적 사고의 정수를 보여준다. 두 사람은 문제 상황이 발생했을 때, 먼저 데이터를 수집하고, 그 안에서 패턴을 찾았으며, 문제의 원인을 끊임없이 질문했다. 결과를 관찰하고 원인을 추론한 뒤 그 원인을 조정해 새롭게 나타난 데이터를 다시 분석함으로써 문제 해결의 실마리를 발견해나갔다.

이 모든 일이 벌어진 1854년은 빅토리아여왕 시대의 절정으로, 영국의 최전성기였다.[11] 산업혁명을 통해 영국 경제는 섬유, 철강, 면직물, 양모 산업을 중심으로 급격히 성장했고, 이에 따라 산업 노동자와 도시인구도 폭발적으로 증가했다. 런던의 인구는 1800년대 초반 100만 명에서 1850년대에는 250만 명에 이를 만큼 급증했다.

그러나 급속한 도시화와 런던 집중화는 심각한 위생 문제를 초래했고, 콜레라와 같은 전염병이 빠르게 확산되었다. 당시의 주거 환경은 몹시 열악했고, 상하수도 시스템도 제대로 갖춰지지 않았다. 이런 상황에서 1854년 크림전쟁이 본격화되었고, 전쟁터 또한 비위생적인 환경으로 인해 수많은 병사가 총탄보다 감염으로 사망했다.

플로렌스 나이팅게일은 흔히 '현대간호학의 어머니'로 널리 알려져 있지만, 통계학의 선구자 중 한 사람이다.[12] 특히 크림전쟁을 전후로 한 그녀의 활동은 단순한 간호를 넘어 데이터 수집, 분석, 시각화를 통한 정책 개혁이라는 통계적 사고의 전형을 보여준다. 이런 업적으로 그녀는 1858년 영국통계학회 최초의 여성 회원이 되었고, 1874년에는 미국통계학회의 첫 명예 여성회원으로 선정되었다.[13]

1854년, 러시아제국의 남하 정책에 대응해 영국과 프랑스는 오스만제국을 지원하며 크림전쟁에 참전했다. 전투에서 영국군은 승리를 거두었지만, 병사들은 총칼보다 감염병에 의해 더 많이 희생되었다. 종군기자 윌리엄 러셀은 《더 타임스》를 통해 매일 전신으로 전장의 참상을 보도했다. 그는 야전병원 내의 참혹한 상황과 군의 무능을 시민들에게 생생하게 전달했고, 이 보도는 대중의 분노를 불러일으켰다. 격앙된 여론 속에서 전쟁부 장관 시드니 허버트는 나이팅게일에게 야전병원에 파견할 간호사들을 조직해줄 것을 요청했다.[14]

1854년 10월, 그녀는 간호사 38명과 함께 스쿠타리(현 이스탄

불) 야전병원으로 향했다. 그 병원에서 마주한 현실은 충격적이었다. 병사들은 오물과 피 속에 방치되어 있었고, 병원은 환기 불량, 악취, 오염된 식수, 쥐와 해충, 고장난 하수도 시스템 등으로 인해 위생 상태가 최악이었다. 침상과 음식, 조리 기구도 턱없이 부족했다.

더 심각한 문제는 사망 원인이 정확히 기록되지 않고 있다는 점이었다. 관찰과 기록이 없는 죽음은 사회적으로 '존재하지 않는 죽음'이 되었고, 나이팅게일은 이 혼돈을 정면으로 마주했다. 그녀는 병사들을 헌신적으로 간호했고, 밤에도 등불을 들고 병동을 돌봐 '등불을 든 여인'이라는 별명을 낳았다. 이 모습은 미국 시인 헨리 롱펠로우의 시 〈산타 필로메나〉에 묘사되어 세상에 널리 알려졌다.[15]

하지만 나이팅게일의 진정한 전환점은 모든 관찰을 데이터화한 것이었다. 그녀는 환자의 증상, 치료 내용, 생존 여부를 꼼꼼히 기록했을 뿐 아니라 사망률, 감염 사례, 위생 조치 이후의 변화까지 체계적으로 데이터를 남겼다. 1854~1855년 겨울, 스쿠타리 병원에서는 4,077명의 병사가 사망했는데, 전사자보다 감염병으로 인한 사망자가 10배 이상 많았다. 그녀는 기록을 통해 전쟁 초기 7개월 동안 병사의 60%가 질병으로 사망하고 있음을 밝혀냈다.

나이팅게일은 대량 사망의 원인이 병원 내의 위생 상태에 있다고 판단하고, 이를 언론에 알리는 동시에 정부에 긴급한 개선 조치를 요청했다. 이에 따라 1855년 3월, 영국 정부는 위생개선위

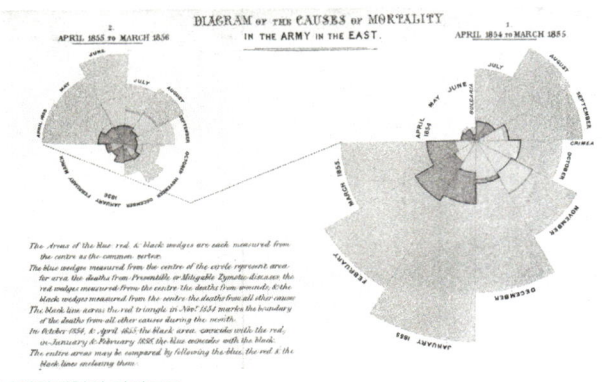
나이팅게일의 장미도표

원회를 구성해 병원에 파견했고, 병원의 하수도 정비, 오염된 물 정화, 환기 시스템 개선 등의 조치를 했다. 그녀와 간호사들은 손 씻기, 환자 분리 등 기본 간호 수칙을 도입했다. 그 결과 병원의 사망률은 42%에서 2%로 급격히 감소했다. 이는 간호 효과를 넘어 위생과 구조개혁이 통계적으로 입증된 사례였다.

전쟁이 끝난 1856년 3월 이후 나이팅게일은 전쟁 중 수집한 방대한 데이터를 바탕으로 1858년 〈영국군의 건강, 효율 및 병원 행정에 영향을 미치는 사항들〉이라는 보고서를 작성했다. 이 보고서는 단순한 서술이 아닌, 표, 그래프, 시각화가 포함된 통계분석 보고서였다.[16]

이 보고서에서 가장 유명한 것이 바로 그녀가 고안한 장미도표[17]로, 1855년 3월 위생개선위원회 파견 전후로 나눈 두 해(1854년 4월~1856년 3월)의 월별 사망 원인별 데이터를 시각화한 도표다. 각 장미도표는 12개월을 월별로 부채꼴 형태로 나누고, 사망원인별 면적을 색깔로 구분했다. 이 색들은 각각 질병에 의한 사망, 전투 및 부상에 의한 사망, 기타 원인을 나타낸다.

이 도표를 보면 1855년 4월 이전에는 질병으로 인한 사망이 압도적이지만, 위생 개선 이후 급감한 것이 한눈에 드러난다. 이 시각화는 "전투보다 질병이 더 많은 병사를 죽였다"는 사실, 즉 위생 개선의 효과를 명확히 입증했다.

나이팅게일은 장미도표 외에도 다양한 통계적 시각화 기법을 활용했다. 군인과 민간 남성의 연령대별 사망률을 막대그래프로 비교해, 병사들이 민간인보다 훨씬 높은 사망 위험에 노출되어 있음을 시각적으로 보여주었다. 또한 병영 밀도를 육각형 무늬의 벌집도표로 표현해, 주둔지의 밀집도를 직관적으로 드러냈다. 이들 도표는 모두 데이터에 기반한 통계적 가치가 높은 시각화의 대표적

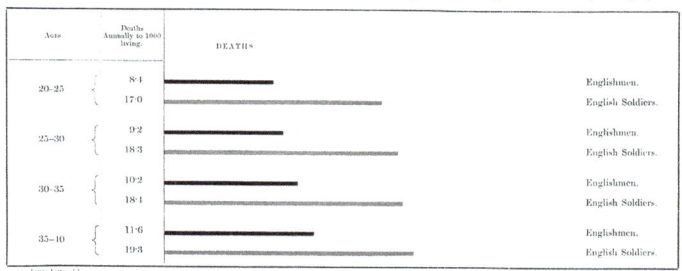

나이팅게일의 군인과 민간인 남성의 사망률 비교 도표

인 사례다.

 당시 데이터는 대부분 표 형식으로 정리되었기 때문에 데이터에 익숙하지 않은 정책 입안자들에게는 표 내용을 이해하기 어려웠다. 나이팅게일은 정책 담당자들이 데이터를 읽고 해석하는 데 어려움을 겪는다는 점을 고려해, 시각화를 통해 설득하려 했다.[18] 그녀는 당대 최고의 보건통계학자 윌리엄 파와 협력해 데이터를 정제하고, 데이터를 시각적으로 전달할 수 있는 그래프와 도표를 제작했다.[19]

 이런 노력은 군 병원 시스템과 공중보건 체계의 전면적인 개혁으로 이어졌다. 동시에 '간호'라는 직업도 단순한 돌봄을 넘어 기록과 분석, 실행을 수반하는 전문 직업으로 재정의되었다. 당시에는 감염의 원인이 명확하게 밝혀지지 않았고 위생에 대한 개념도 희박했지만, 나이팅게일은 관찰된 데이터를 시각화해 질병의 원인을 추론하고, 위생의 중요성을 설득했으며, 개선 효과를 수치로 입증했다.[20]

 그녀는 병사들을 정성껏 돌본 헌신적인 간호사이자 데이터를 기반으로 한 통계적 사고로 인간 생명을 구한 최초의 여성 통계학자였다.

존 스노우와 콜레라 맵

1854년, 나이팅게일의 장미도표와 함께 데이터로 세상의 진실을 추적한 통계적 사고의 정수로 꼽히는 것이 존 스노우의 콜레라 지도다.

19세기 중엽, 급격한 산업화로 런던 인구는 250만 명 이상으로 늘어났다. 하지만 도시 인프라에 비해 위생 여건은 몹시 열악했다. 도심에는 마차, 소, 돼지, 닭 등 가축들이 뒤섞여 살았고, 동물의 배설물은 하루 수십 톤이 발생했다. 당시에는 하수도 시스템이 정비되지 않아, 가정마다 웅덩이를 파고 오물을 묻거나 템스강으로 그대로 배출했다.

문제는 이 템스강이 런던 시민의 식수원이기도 했다는 점이다. 즉 배설물과 생활하수가 뒤섞인 오염된 강물을 그대로 마시고 있었던 셈이다. 배설물과 생활하수 등으로 런던은 '악취의 도시'였고, 관공서조차 악취 때문에 업무를 중단하기도 했다.[21]

콜레라는 1832년, 1849년을 비롯해 주기적으로 창궐했고, 수만 명의 생명을 앗아갔다. 당시 의학계는 콜레라를 포함한 모든 질병이 '미아즈마(나쁜 공기)'로 인해 발생한다고 믿었다. 이 믿음은 너무나 강력해, 역병이 돌면 사람들은 문을 걸어 잠그고 집 밖으로 나가지 않았다.

그러나 이 시대의 통념에 맞서 데이터로 진실을 추적한 영웅, 의사 존 스노우가 등장했다.[22] 그는 빅토리아여왕이 여덟째 아이를 낳을 때 마취를 맡은 의사로도 유명했지만, 후에 역학의 아버지로 불리게 된 결정적인 계기는 1854년 런던 소호 지역에서 발생한 콜레라 대유행 사건이었다.

1854년 여름, 소호의 빈민가에서 콜레라가 다시 급속히 퍼졌다. 단 3일 만에 127명이, 7일 만에 600명이 사망했다. 사람들은 대부분 여전히 콜레라가 나쁜 공기인 악취 때문이라 믿었지만, 스노우는 달랐다. 그는 이미 1849년부터 콜레라는 공기가 아닌 오염된 물을 통해 전파된다고 주장해왔고, 이번 데이터를 통해 그 주장을 입증하고자 했다.

스노우는 소호 지역을 직접 돌며 집집마다 문을 두드리고, 콜레라 사망자 수를 기록했다. 각 가정에서 어떤 펌프의 물을 마셨는지까지 조사했다. 단순히 '이 지역에서 몇 명이 죽었다'는 수준이 아니라 각 가정에서 몇 명이 죽었는지, 그들이 어디에서 물을 마셨는지까지 정밀하게 추적했다.

그는 수집한 데이터를 바탕으로 런던 소호 거리 지도 위에 콜레라 사망자 분포를 시각화했다. 사망자 1명당 막대 블록 하나를 지도에 표시했고, 사망자가 많은 가구에는 막대를 쌓아 마치 탑처럼 보이게 했다. 이 지도에서 브로드 스트리트 펌프 주변에 사망자가 집중되어 있었다는 점이 가장 인상적이다. 이 지도를 보면 펌프에서 가까울수록 사망자가 많고, 멀어질수록 급감했다. 이는 우연이라 보기 어려웠고, 오염된 물이 원인이라는 가설을 강하게 뒷받침했다.

스노우는 지도에서 예외 사례도 함께 분석했다. 예를 들어 브로드 스트리트에 위치한 양조장 노동자들은 펌프 물 대신 맥주를 마셨기 때문에 콜레라에 걸리지 않았다.[23] 또 가까운 거리의 구빈원에서는 자체 우물을 사용한 덕분에 500명 넘는 인원 중 단 5명만 사망했다.[24] 펌프에서 멀리 떨어진 지역에서도 사망자가 나타났는

스노우의 콜레라 맵

데, 조사 결과 이들 역시 평소 브로드 스트리트 펌프의 물을 가져다 마신다는 공통점이 있었다. 스노우는 단순한 공간 통계를 넘어, 귀납적 추론과 비교 분석을 통해 물이 콜레라의 원인이라는 인과관계를 도출했다.

1854년 9월 8일, 그는 이 콜레라 맵으로 공중보건 당국을 설득했다. 브로드 스트리트 펌프가 콜레라 확산의 중심이라는 주장을 펼쳤고, 결국 당국은 펌프의 손잡이를 제거해 펌프 사용을 중단시켰다. 이후 놀랍게도 해당 지역에서는 콜레라 환자가 더이상 발생하지 않았다.[25]

1883년, 로베르트 코흐가 콜레라균을 직접 발견하면서 콜레라의 원인은 생물학적으로도 확인되었다. 1866년 콜레라가 다시 런던을 덮쳤지만, 시민들은 이전과 달리 물을 끓여 마시고, 오염 우물을 폐쇄했으며, 당국은 정수 시설을 가동했다. 그 결과 콜레라는 더이상 대규모로 확산되지 않았다. 이후 1859년부터 약 15년에 걸쳐 대규모 하수도 개혁이 이루어졌고, 런던은 더이상 콜레라 도시가 아니었다.

스노우의 작업은 현대 역학의 시작점이 되었다. 역학은 오늘날 코로나19 대응, 가습기 살균제 사건, 암 발병 원인 조사 등 다양한 분야에서 핵심적인 역할을 하고 있다. 특히 콜레라 맵은 단지 역사적인 유물이 아니라 데이터 과학과 시각화 교육, 공중보건 정책 설계에서 지금도 인용되는 사례다.

존 스노우는 통계적 사고로 진실을 추적했고, 데이터는 그에게 진실을 말해주었다. 데이터는 단순한 숫자가 아니다. 때로 그것은 생명을 구하는 증거가 된다. 그는 데이터와 시각화를 무기 삼아, 오랫동안 원인을 알 수 없어 반복되던 전염병의 고리를 끊어냈고, 특히 데이터 시각화를 통해 당시의 통념과 정책 당국을 효과적으로 설득했으며, 실제로 세상을 바꾸는 데 성공했다.

지금 마주한 문제의 원인을 알고 싶다면 데이터를 측정하고, 질문하고, 시각화해보자. 그리고 아름다운 그래프를 그려보라. 그것은 단순한 그림이 아니라 누군가를 살리고 세상을 바꾸는 이야기가 될 수 있다.

튜키,
데이터과학을 열다

1973년, 영국의 통계학자 앤스콤은 데이터 분석에서 시각화의 중요성을 강조하며, '앤스콤의 사중주'라 불리는 4개의 데이터셋을 제시했다.[26] 이 4개의 데이터셋은 각각 x와 y의 값은 다르지만, 평균, 분산, 상관계수, 회귀선 등 주요 통계 요약값이 거의 같았다. 하지만 이 데이터셋들을 산점도로 시각화한 것을 보면, 이 데이터셋들은 서로 완전히 다른 패턴을 가지고 있다. 하나는 전형적인 선형 관계이고, 또 하나는 곡선 형태, 하나는 이상값 하나가 회귀선에 큰 영향을 미치고, 마지막은 단 하나의 이상값으로 상관계수가 왜곡되는 모습이었다.

이 예는 숫자로 요약된 통계 지표들이 데이터의 본질을 제대로 드러내지 못할 수 있다는 것을 보여주었다. 데이터는 그 자체로 고유한 이야기를 담고 있기 때문에 단순히 요약된 숫자만 보는 것이 아니라 직접 들여다보고, 그려보고, 의심하는 과정이 필요하다. 이런 접근은 미국 통계학자 튜키가 제시한 탐색적 데이터 분

석(EDA)의 철학과 일치한다.[27]

20세기 초, 통계학은 피셔, 네이만과 이곤 피어슨 등에 의해 추정과 가설검정의 수리적 정교화를 통해 학문으로 자리잡았다. 이들이 제시한 방법론은 유의확률, 유의수준, 검정력 등으로 구성된 가설검정 체계로 정형화되었고, 통계학은 과학적 판단의 도구이자 데이터를 가설을 뒷받침하는 수단이 되었다.

튜키는 1962년 기고문 〈데이터 분석의 미래〉에서, 당시 통계학의 주류였던 수학적 엄밀성과 증명 중심의 접근을 비판하고, 현실의 데이터 분석에서 유용성과 통찰력을 중시하는 새로운 분야로

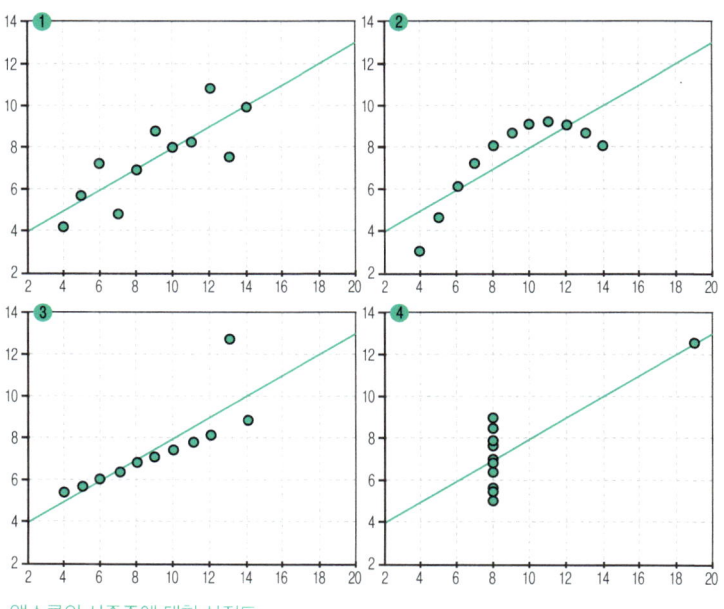

앤스콤의 사중주에 대한 산점도

서 '데이터 분석'이 출현해야 한다고 주장했다.[28] 데이터 분석은 수학적 완벽함보다 현장 적용 가능성과 통찰력 확보가 중요하며, 때로는 불완전한 증거로도 적절한 수준의 오류를 감수하면서 판단해야 한다고 강조했다.[29]

그리고 1977년 그가 《탐색적 데이터 분석》을 출간하면서 EDA는 하나의 체계적인 개념이 되었고, 통계학이 데이터과학으로 발전하는 패러다임 전환의 계기가 되었다.

EDA의 핵심 철학은 "데이터가 스스로 이야기하도록 하라"는 것이다. 전통적인 통계 분석이 가설을 토대로 판단을 내리는 사법재판과 같다면, EDA는 탐정이 사건의 단서를 찾아가는 과정에 가깝다. EDA에서는 사전에 정해진 모형 없이 데이터를 자유롭게 시각화하고, 예상하지 못한 이상값이나 패턴을 발견하며, 이를 기반으로 분석 방향을 조정한다.

튜키는 "데이터 분석은 탐색적이어야 할 뿐만 아니라 확증적이기도 해야 한다"고 강조했다. 그는 EDA로부터 아이디어와 가설을 얻고, 전통적인 통계검정으로 이를 검증하는 순환 구조가 데이터분석에서 가장 이상적이라고 생각했다. 이런 철학 아래 EDA는 분석자의 직관과 판단을 중시하며, 도구에 종속되지 않고 능동적으로 데이터를 해석하는 방식으로 자리잡았다.

EDA는 데이터를 단순한 수치로 환원하지 않고, 그 안에 담겨 있는 구조와 의미를 발견하려는 지적 탐색의 과정이었다. 이 점은 대니얼 카너먼이 말한 '시스템 1(직관적 사고)'과 '시스템 2(논리적 사고)'의 균형 잡힌 사용이라는 주장과도 본질적으로 맞닿아 있다.

튜키는 EDA를 위해 상자그림과 줄기-잎 그림을 만들었다. 상자그림은 데이터 분포의 다섯 숫자 요약(최솟값, 제1사분위수, 중앙값, 제3사분위수, 최댓값)을 시각화한 그래프로, 중심 경향, 산포, 비대칭성, 이상값까지 한눈에 볼 수 있다. 이 다섯 수치 요약은 평균과 표준편차보다 훨씬 풍부한 정보를 제공하며, 특히 한쪽으로 치우치거나 꼬리가 두꺼운 분포에서도 유용하다.

줄기-잎 그림은 각 데이터 값을 잎사귀로 표시하고, 해당 구간의 자리수를 줄기로 표시해 분포를 표현하는 방식이다. 이는 숫자 문자로 그리는 히스토그램이며, 데이터를 보존하면서도 분포의 형태를 직관적으로 보여준다. 컴퓨터가 없던 시절에도 손으로 빠르게 그릴 수 있을 만큼 단순하면서도 전체 분포 모습을 효과적으

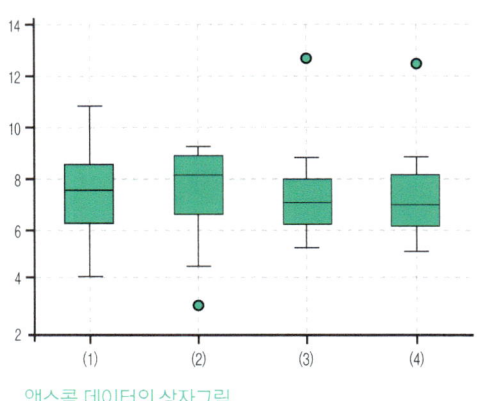

앤스콤 데이터의 상자그림

로 보여주어 튜키가 즐겨 사용한 시각화 도구였다.

앤스콤 데이터의 y값에 대한 상자그림을 보면 데이터의 대칭성, 중앙값 차이, 이상값 존재 여부를 확인할 수 있으며, 이로부터 4개의 데이터셋이 서로 다름을 명확히 알 수 있다.

튜키의 EDA는 데이터 시각화의 부흥을 이끌었다. 시각화는 단순히 결과를 전달하는 도구가 아니라 분석의 출발점이자 사고 도구로 인식되기 시작했다. 그가 제안한 상자그림과 줄기-잎 그림은 오늘날 통계학 교과서와 데이터 과학 입문서에서 기본적인 시각화 도구로 자리잡았다. 그리고 EDA는 현대 데이터 분석에서 데이터를 다룰 때 가장 먼저 수행하는 작업이 되었다.

EDA는 특정 기법의 사용 자체보다도 데이터를 바라보는 태도와 철학이 더 중요하다. 그러나 튜키가 만든 도구들은 이런 철학을 구현하는 데 핵심적인 수단이 되었고, 통계 분석과 시각화의 지평을 넓히는 데 기여했다.

8장

데이터로 세상을 읽고 답하라

우리의 일상 활동은 알게 모르게 다양한 디지털 기기와 센서를 통해 지속적으로 시간에 따라 측정되고 있다. 이 데이터는 임의로 나타나는 숫자 더미가 아니라 나름의 숨겨진 패턴과 이야기를 품고 있다. 이로부터 의미 있는 통찰을 얻으려면 데이터를 단순히 모으는 데 그치지 않고, 데이터를 표와 수치로 요약하고, 시각화를 통해 그 안에 숨은 패턴을 읽어내야 한다.

예를 들어 건강관리를 하는 개인은 매일 체중이나 혈압을 측정하고 기록한다. 기업은 자사의 활동을 수치로 정리한 재무제표를 주기적으로 작성하며, 국가는 국민과 기업의 활동을 조사해 국가 통계를 발표한다. 이렇게 수집되고 정리된 통계는 현실을 객관적으로 이해하고 미래를 향한 올바른 의사결정을 내리는 데 중요한 기반이 된다.

변동에서 시작한 통계적 사고

우리가 세상을 관찰할 때 마주하는 대부분의 대상은 서로 다르다. 한 학급의 학생들 키는 제각각이고, 한 나무에서 열린 사과들조차 크기와 무게가 동일하지 않다. 사람마다 생로병사의 과정은 다르게 펼쳐지며, 같은 혈압계로 여러 번 측정해도 매번 수치가 다르게 나온다. 표준화된 공정에서 생산된 제품들 사이에도 미세한 품질 차이가 존재한다. 주식 가격은 시시각각 변하고, 질병의 발병률도 계절에 따라 달라진다.

이런 '다름'은 우리가 관찰하는 거의 모든 현상에서 발견할 수 있으며, 이를 '변동'이라 부른다. 변동의 원인은 다양하다. 생물과 사회현상의 본질적인 다양성, 측정 도구의 한계로 인한 오차, 예측 불가능한 우연성, 관찰되지 않은 숨겨진 요인들, 그리고 시간의 흐름에 따른 자연스러운 변화를 비롯한 모든 것이 변동을 만들어낸다. 이는 세상이 본질적으로 복잡하고 불확실하다는 사실을 보여준다.

변동은 인간의 판단에서도 나타난다. 1591년, 조선은 일본의 정세를 파악하기 위해 통신사를 파견했다. 약 10개월간의 일본 관찰 뒤 정사 황윤길은 "반드시 일본이 침략할 것"이라 경고했지만, 부사 김성일은 "그럴 가능성은 없다"고 보고했다. 같은 현실을 본 두 사람이 정반대의 해석을 내린 것이다. 이처럼 인간의 판단에도 정치적 입장, 경험, 신념에 따라 변동이 존재한다. 같은 사건에 대해 판사가 서로 다른 판결을 내리거나, 같은 답안지를 보고도 교수마다 다른 점수를 주는 사례는 흔하다. 변동은 자연현상뿐만 아니라 인간의 인식과 판단 전반에 걸쳐 나타나는 현상이다.

통계학은 이 '변동'을 체계적으로 이해하려는 시도에서 출발했다. 통계학의 역사는 변동이라는 수수께끼를 푸는 지적 여정과 맞닿아 있다. 18세기 라플라스는 "우연은 단지 우리의 무지를 가리키는 이름일 뿐"이라며, 변동을 혼란이 아닌 분석의 대상으로 보았다. 19세기 통계학자 프랜시스 골턴은 부모와 자식의 키 데이터를 분석해 변동 속에서 일정한 패턴이 존재한다는 사실을 알아냈고, 이를 통해 회귀와 상관관계라는 개념을 도출했다. 그는 단순한 차이를 넘어 '어떻게 다른가', '얼마나 관련이 있는가'를 묻는 분석적 사고의 문을 열었다. 20세기 초, 로널드 피셔는 실험 설계와 분산분석(ANOVA)을 통해 변동을 우연과 처리 효과로 구분하고, 관측된 차이가 통계적으로 의미 있는지를 판단하는 기준을 제시했다. 이처럼 통계학은 평균을 계산하는 도구가 아니라 불확실성과 다양성을 이해하기 위한 체계적인 방법론이다.

오늘날 우리는 세상의 거의 모든 것이 완전히 같지 않다는 사실을 알고 있다. 변동은 관측 가능한 현상 전반에 내재하며, 이를 이해하려는 노력이 곧 통계적 사고의 출발점이다. 변동은 세상의 복잡성과 인간 인식의 한계를 일깨우며, 통계학은 그 복잡하고 불확실한 세계를 질서 있게 이해하려는 인간의 지적 도전이다.

불확실한 세상을 읽는 렌즈

학교에서 동일한 시간에 동일한 수학 시험을 치른 후 학생들의 성적이 이전보다 향상되었는지를 살펴보려면 어떻게 해야 할까? 야구 경기에서 타자는 각 타석에서 안타를 치기도 하고 치지 못하기도 한다. 그렇다면 타자의 타격 능력을 어떻게 평가하고, 다른 선수와 비교할 수 있을까? 주식시장에는 수많은 기업의 주식이 상장되어 있으며, 각 주식의 가격은 서로 다르게 움직인다. 어떤 주식은 크게 오르기도 하는데, 다른 주식은 크게 떨어진다. 그렇다면 주식시장 전체의 흐름은 어떻게 평가할 수 있을까? 우리는 다양한 상품과 서비스를 구매하고, 그 가격은 끊임없이 변동한다. 그렇다면 우리나라 전체의 상품과 서비스 가격 수준은 어떻게 파악할 수 있을까?

이런 질문은 결국 하나의 수치로 요약된다. 그것이 바로 '평균'이다. 전체 학생들의 성적은 평균 점수로 나타내고, 타자의 타격 능력은 타율로 계산한다. 주식시장의 전반적인 흐름은 주가지수로, 국가 전체의 상품과 서비스 가격 수준은 소비자물가지수로 표현된다. 타율은 안타 여부를 1과 0으로 놓은 산술평균이며, 주가지수와 소비자물가지수는 가중평균을 사용한다. 하지만 이렇게 자주 쓰이는 '평균'이라는 개념이 우리의 세계관 중심에 자리잡기까지는 흥미로운 여정이 있었다.

19세기 이전에는 평균에 대한 신뢰가 높지 않았다. 여러 관측값을 평균 내면 중요한 정보가 희석되거나 왜곡될 수 있다고 생각했기 때문이다. 예를 들어 여러 명의 관측병이 보고한 적군의 수를 평균 내기보다는 가장 신뢰할 만한 한 병사의 보고를 택하는 것이 더 현명하다고 여겨졌다.

하지만 19세기 들어 변화가 일어났다. 천문학과 과학 분야에서 반복적으로 측정된 데이터들이 평균을 중심으로 모여드는 경향이 있다는 사실이 발견되었고, 이는 정규분포라는 개념으로 설명되었다. 이때부터 평균은 데이터를 대표할 수 있는 수치로 여겨지기 시작했다.

19세기 중반, 벨기에의 통계학자 케틀레는 다양한 사회 데이터를 수집하고 분석해서, 정규분포가 인간의 신장, 흉위 등 신체적 특성뿐만 아니라 자살률, 범죄율 등 사회적 현상에도 적용될 수 있음을 보였다. 이는 당시로서는 획기적인 발상이었다. 그는 이 과정에서 '평균인'이라는 개념을 제시했다.[2] 평균인은 사회의 신체 특성, 범죄율, 자살률 등 모든 특성을 평균해서 구성한 가상의 인물이다. 당대에는 이 개념에 비판이 거셌고, 많은 이들이 평균인을 "존재하지 않는 괴물 같은 개념"이라 불렀다. 그러나 아이러니하게도 이 '괴물 같은 개념'이 현대통계학의 기초가 되었다.

1906년, 영국의 한 가축박람회에서 골턴은 황소 무게 맞히기 대회를 관찰했다. 약 800명이 참여했고, 그중에는 황소에 대해 잘 모르는 일반인도 다수 있었다. 대회가 끝난 뒤 그는 참가자들의 예측값을 수집해 분석했는데, 이들의 예측 평균이 1,197파운드로 실제 무게 1,198파운드와 거의 일치했다.[3] 이는 군중의 지혜를 보여준 역사적인 사례로 기록된다.

이후 통계학을 수학적으로 정립하면서 평균이 모집단이 정규분포를 전제로 할 때, 모집단의 중심을 가장 잘 추정하는 도구라는 사실을 밝혀냈다.[4] 평균을 기반으로 집단 간 비교 분석, 시간에 따른 변화와 추세 파악, 이상치 탐지 등 다양한 분석이 이루어졌다.

20세기는 '평균의 시대'였다. 민주주의, 집단지성, 크라우드소싱 등은 모두 평균을 기반으로 발전했다. 대량생산, 표준화, '정상'이라는 개념도 평균을 중심으로 형성되었다. 이는 효율성을 극대화하는 데 기여했지만 개인의 고유성과 다양성을 희석시켰다. "나는 평균으로부터 얼마나 떨어져 있는가?"라는 질문이 우리 사고의 중심이 되었다.

우리는 평균이라는 개념을 통해 불확실한 세상을 이해하기 위해 노력해왔다. 하지만 이제는 한 걸음 더 나아가 평균을 넘어선, 새로운 통찰 방법을 모색해야 할 시점이다. 평균은 모든 상황에서 명확한 시야를 제공하지 않기 때문이다. 평균이 의미 있으려면 몇 가지 전제가 필요하다. 데이터는 독립적으로 수집되어야 하고, 극단값은 신중하게 검토해 적절하게 처리해야 한다. 그래야만 평균이 세상을 이해하는 유효한 도구가 될 수 있다.

변동을 고려한 통계적 사고

데이터는 평균을 중심으로 변동한다. 그러나 평균이 같다고 해서 데이터의 모습이 모두 같은 것은 아니다. 예를 들어 해외여행을 준비할 때 우리는 평균기온을 참고하지만, 최고기온과 최저기온을 함께 고려하지 않으면 날씨에 맞지 않는 옷만 준비할 수 있다. 평균기온이 20도인 지역이라도 어떤 곳은 최고 21도, 최저 19도로 기온차가 작고, 어떤 곳은 최고 40도, 최저 0도처럼 큰 변동을 보일 수 있다.

또 다른 예로 두 회사의 육각볼트를 비교해보자. 각 회사의 볼트 10개의 지름을 측정했더니 평균은 모두 10mm로 같았다. 하지만 한 회사는 오차범위가 10mm±0.1mm이고, 다른 회사는 10mm±1mm였다. 평균이 같더라도 품질의 일관성과 신뢰도는 큰 차이를 보인다. 과연 어떤 제품을 선택해야 할까?

이런 변동성은 사람의 능력 평가에서도 마찬가지로 중요하다. 학생이 IQ검사나 적성검사를 한 번 받고, 그 결과만으로 장래를 결정하는 것은 위험할 수 있다. 결과가 일시적인 우연일 가능성도 있기 때문이다. 따라서 동일한 성격의 검사를 반복 시행해서 결과의 일관성을 확인할 필요가 있다. 만약 두 검사의 결과가 유사하다면 해당 검사 결과는 신뢰할 수 있지만, 큰 차이가 있다면 그 결과는 신뢰하기 어렵다.

이처럼 "데이터가 어떻게 변동하는가?"를 측정하는 일은 통계 분석에서 핵심적인 과제가 된다. 변동성을 수치로 나타내는 대표적인 지표가 바로 표준편차다. 표준편차는 각 데이터가 평균으로부터 얼마나 떨어져 있는지를 제곱한 후 평균을 내고, 그 결과의 제곱근을 취해 구한다. 이는 데이터가 평균 주위로 얼마나 흩어져 있는지를 보여주는 척도다. '표준편차'라는 용어는 1893년 통계학자 칼 피어슨이 기존의 '평균제곱근오차'를 대체하며 처음 사용했다.

표준편차는 흔히 그리스 문자 시그마(σ)로 표시되며, 기업 경영에서도 중요한 개념으로 활용된다. 예를 들어 '6시그마'는 품질 혁신을 목표로 하는 경영 전략으로, 이때의 시그마는 변동성을 의미한다. 6시그마는 결점 없는 제품과 완벽한 서비스를 제공하기 위해 제품의 생산 과정에서 발생하는 변동을 최소화하고 불량 원인을 제거하는 데 중점을 둔다. GE와 같은 글로벌 기업들은 이 방법을 도입해서 품질 개선과 비용 절감에서 큰 효과를 거두었다. 금융 분야에서도 표준편차는 중요한 역할을 한다. 자산 가격의 급격한 변동 위험, 즉 '리스크'를 수치로 표현할 때 표준편차가 사용된다. 변동성이 클수록 리스크가 크다고 평가되며, 이에 따라 투자전략이 달라지기도 한다.

  이처럼 변동은 데이터뿐 아니라 우리의 삶 전반에도 존재한다. 삶에는 좋은 시기도 있고 나쁜 시기도 있다. 중요한 것은 그 변동을 측정하고, 예상하며, 그에 맞는 대응 전략을 세우는 일이다. 변동을 이해하고 관리하는 것은 불확실한 세상 속에서 보다 안정적인 선택을 가능하게 해주는, 통계적 사고의 핵심이 된다.

데이터를 표로 체계화하라

데이터를 표로 정리하는 것은 복잡한 정보를 이해하고 의사결정을 내리는 데 핵심적인 역할을 한다. 표는 데이터를 체계적으로 보여주는 가장 오래되고 기본적인 통계 도구로, 단순한 숫자 나열에서 출발해 정보를 요약하고 비교할 수 있도록 발전해왔다. 오늘날에도 표는 여전히 통계분석과 정보 전달에 중심적인 역할을 하고 있다.

17세기, 통계학자 존 그랜트는 런던의 사망자 명부를 분석해 인구통계 정보를 표 형태로 정리했다. 이 표는 질병의 패턴과 사망 원인을 체계적으로 정리한 것으로, 현대 통계표의 원형으로 평가받는다. 1606년 그랜트 사망표[5]는 1년을 1주 단위로 나눈 53주간의 데이터를 다루며, 주 번호와 해당 주의 시작 날짜, 세례 받은 아이의 수, 사망자 수, 흑사병에 의한 사망자 수는 물론 감염 사례가 발생한 교구 수 등이 기록되어 있다. 이 표의 마지막 줄에는 각 항목의 총계가 기재되어 있는데, 출생자 수는 6,614명, 사망자 수는 7,920명, 이 중 흑사병으로 인한 사망자는 2,124명이었다.

이를 통해 사망자가 출생자보다 많았고, 사망자의 약 27%가 흑사병에 의한 것이었음을 알 수 있다. 또한 표는 단순히 숫자를 나열하는 데 그치지 않고, 전염병의 영향을 추적하고 계절적 유행성을 파악할 수 있도록 해준다. 예를 들어 표를 보면 7월 말부터 10월까지 흑사병에 의한 사망이 급증했음을 확인할 수 있다. 이 표는 당시 런던의 사망률, 출생률, 공중보건 상태를 파악할 수 있는 매우 귀중한 역사적인 자료다.

표는 원자료를 구조화해 핵심적인 특성과 패턴을 드러내는 매우 효과적인 방법이다. 수십, 수백 개의 데이터를 일목요연하게 정리함으로써 어떤 값이 많이 나타나는지, 전체적인 분포가 어떻게 되는지를 쉽게 파악할 수 있다. 또한 표는 데이터를 요약하고 비교

1606년 그랜트 사망표

하기 쉽게 만들어준다. 변수 간의 관계를 파악하고, 도수분포표, 교차표, 요약 통계표 등을 통해 데이터를 직관적으로 비교할 수 있게 한다. 통계분석의 기초 단계로서 표는 그래프나 수학적 분석으로 나아가기 위한 출발점이 되며, 실제로 엑셀이나 CSV 형태의 표 구조는 컴퓨터 분석의 기본 형식이기도 하다. 표를 통해 이상치나 입력 오류를 신속하게 파악할 수 있어 데이터 품질 검토에도 유용하다.

표의 활용은 역사적으로도 꾸준히 발전해왔다. 17세기 초, 유럽 각국은 세금 부과와 행정 관리를 위해 국가 통계를 체계화했고, 이 과정에서 통계는 표를 중심으로 정리되었다. 19세기에는 국가 통계국들이 설립되면서 다양한 분야의 데이터가 통계표로 집계되었고, 표준화된 형식을 갖춘 통계표는 정부 보고서나 학술 논문 등에서 널리 활용되었다. 20세기 이후 컴퓨터의 등장으로 대규모 데이터 집계와 복잡한 통계표 작성이 가능해졌으며, 표는 단순 정리를 넘어 분류, 비교, 상관관계 분석 등 다양한 기능을 수행하는 핵심 도구로 자리잡았다.

표는 목적과 분석 대상에 따라 다양한 형태로 사용된다. 예를 들어 도수분포표는 데이터를 구간이나 범주로 나누고 각 구간의 빈도를 정리해서 단일 변수의 분포를 파악할 수 있게 해준다. 시험 점수를 10점 단위로 구간화해서 몇 명이 각 구간에 속하는지를 나타내는 것이 그 예다. 교차표는 성별과 구매 여부처럼 2개 이상의 범주형 변수 간 관계를 요약할 때 유용하다. 요약통계표는 평균, 중앙값, 표준편차, 최댓값, 최솟값 등을 정리해 연속형 데이터를 요약하며, 백분율표는 각 범주의 빈도를 비율로 나타내어 쉽게 비교할 수 있도록 도와준다. 이처럼 도수분포표는 빈도를 요약하고, 교차표는 범주형 변수 간의 관계를 보여주며, 요약통계표는 수치형 데이터의 중심과 산포를 나타낸다. 백분율표는 범주형 데이터의 상대적인 크기를 비교하거나 시각화하기에 유리하다.

표는 데이터를 체계적으로 조직하고 전달하는 데 가장 기본적이면서도 강력한 도구다. 단순한 숫자 나열에서 출발한 표는 정보를 요약하고 해석하며 비교할 수 있도록 발전해왔으며, 오늘날에도 데이터 분석과 의사결정의 핵심 기반이 되고 있다.

식목왕과 식목년표

우리나라의 산림 면적은 국토의 약 63%를 차지한다. 일제강점기와 한국전쟁을 거치며 산은 크게 황폐해졌지만, 해방 이후 정부와 국민의 적극적인 나무 심기 운동을 통해 산림은 다시 회복되었다. 필자 역시 어릴 적에 식목일마다 나무를 심었던 기억이 있다. 산림 복구는 사람들이 직접 나무를 심거나 자연적으로 숲이 다시 자라도록 유도하는 방식으로 이루어졌다. 1946년부터 2020년까지, 산림 면적의 96.6%에 해당하는 578만 헥타르에 약 146억 그루의 나무가 심어졌다.[6]

사실 산림 복구는 현대에만 있었던 일이 아니다. 18세기 조선의 임금 정조는 '식목왕'이라 불릴 만큼 산림 보존과 나무 심기에 진심이었다. 그의 식목 활동은 임진왜란과 병자호란 이후 황폐해진 국토를 회복하고, 백성의 삶을 안정시키며, 동시에 효심과 개혁 정신을 실천하는 다목적 정책이었다. 정조는 단순히 벌목을 금지하는 소극적인 금송(禁松) 정책을 넘어 적극적으로 나무를 심었다. 특히 아버지 사도세자의 묘소를 관리하며 효심을 실천하는 과정에서 식목 활동은 더욱 강조되었다. 사도세자의 묘를 화성으로 옮긴 뒤에는 묘역 주변에 소나무를 심는 등 식목 사업을 효행의 일환으로 추진했다.

필자는 2년간 수원 끝자락에 위치한 방송통신대 경기지역대학 학장으로 근무한 바 있다. 이곳에서 자동차로 10분 거리에는 융건릉이 있다. 융건릉은 정조의 아버지 사도세자와 어머니 혜경궁 홍씨의 합장릉인 융릉, 그리고 정조와 효의왕후의 합장릉인 건릉을 함께 부르는 이름이다. 이곳을 찾으면 울창하게 가꾼 숲이 가장 먼저 시야에 들어온다.

정조는 양주에 있던 사도세자의 묘를 현재의 위치로 옮기며 '현륭원'이라 이름 붙였고, 그 주변 산림을 가꾸기 위한 대규모 식목 사업을 1789년부터 1795년까지 7년간 추진했다. 이 사업은 수원, 광주, 용인, 과천, 진위, 시흥, 안산, 남양 등 8개 고을에 걸쳐 진행되었다. 특히 1795년 정조는 정약용에게 그간의 식목 기록을 정리하라는 명을 내렸고, "수레에 실으면 소가 땀을 흘릴 정도"로 방대한 식목 장부가 그에게 전달되었다.[7]

정약용은 이 복잡하고 많은 데이터를 정리하기 위해 오늘날 스프레드시트와 유사한 방식의 구조화된 표 형식을 고안했다. 그는 고을별, 날짜별, 수종별로 데이터를 체계적으로 분류하고, 행렬 구조를 활용해 표를 만들었다. 가로축에는 7년간 이루어진 12차례의 식목 활동을, 세로축에는 8개 고을을 배열하고, 각 셀에는 식재된 나무의 수를 기입했다. 이를 통해 소나무, 뽕나무, 잣나무 등 총 1,200만9,712그루에 달하는 나무 심기 결과를 한눈에 파악할 수 있도록 했다. 이 표를 본 정조는 "한 권의 책으로 정리하기 어려운 방대한 내용을 한 장의 종이에 일목요연하게 정리했다"라며 크게 감탄했다고 한다.[8]

  이 사례는 방대한 데이터를 표로 정리함으로써 얻을 수 있는 다양한 이점을 잘 보여준다. 첫째, 정보를 압축함으로써 복잡한 내용을 한눈에 파악할 수 있고, 둘째, 데이터의 구조와 흐름을 시각적으로 드러내어 패턴을 쉽게 인식할 수 있다. 셋째, 항목 간의 유사성과 차이를 비교하기 쉬워져 분석에 유리하다. 마지막으로, 이런 표는 정책 판단이나 의사결정을 효과적으로 지원하는 도구가 된다.

  정약용의 '식목년표' 사례는 데이터를 표로 정리하는 것이 단순한 기록을 넘어 복잡한 현실을 관리하고 이해하는 지식의 도구임을 잘 보여준다. 오늘날 데이터 시각화와 분석 기법의 근간이 되는 이런 접근법은 데이터를 통해 세상을 이해하려는 우리의 첫걸음이기도 하다.

통계는 신뢰의
소프트 인프라

2개의 주머니가 있다. 주머니 A에는 빨간색 공 50개와 파란색 공 50개가 들어 있다. 주머니 B에도 빨간색과 파란색 공이 100개 있지만 그 비율은 알 수 없다. 이제 1개의 공을 뽑아 빨간색 공이면 100만 원을 받는다고 하자. 당신은 어떤 주머니를 선택하겠는가? 사람들은 대부분 구성이 명확한 A 주머니를 고른다. 설령 B 주머니에 빨간색 공이 더 많을 수도 있음에도 말이다. 왜 그럴까? 이 현상은 인간이 계산 가능한 위험보다 불확실하고 모호한 위험을 더 회피한다는 사실을 보여준다. 이는 전통적인 기대효용이론으로는 설명되지 않는 인간 행동의 특징이며, 엘즈버그 패러독스로 잘 알려져 있다.[9]

우리는 매일 A와 B 사이에서 선택하며 살아간다. 조금 비싸도 잘 알려진 브랜드를 고르고, 익숙한 플랫폼에서 구매하며, 이름 있는 금융기관에 돈을 맡긴다. 이 모든 선택에는 하나의 공통된 기준이 작동한다. 바로 신뢰다. 우리는 왜 모르는 사람과도 거래할 수 있을까? 일상에서 우리는 한 번도 본 적 없는 사람들과 거래한다. 인터넷 쇼핑몰에서 물건을 사고, 부동산 계약을 맺고, 증권사를 통해 주식을 사고판다. 이때 우리가 신뢰하는 것은 상대방 개인이 아니라 그를 둘러싼 제도와 시스템이다. 예를 들어 부동산 거래는 등기소의 소유권 기록, 공인중개사의 자격과 법적 책임, 계약서의 법적 효력을 믿기 때문에 가능하다. 주식투자 역시 기업 대표를 믿는 것이 아니라 금융 감독 시스템, 회계기준, 공시의무 같은 투명한 구조를 믿는 것이다.

신뢰는 단지 사람 간의 감정이나 경험에서 비롯되지 않는다. 현대사회에서 신뢰는 제도화되어 있다. 그리고 그 제도화된 신뢰의 핵심축 중 하나가 통계다. 여기서 말하는 통계는 학문적 통계학이 아니라 국가가 만드는 국가 통계, 기업의 재무제표, 개인의 신용정보 등 지속적으로 요약되고 공표되는, 숫자를 기반으로 한 정보를 말한다.[10]

그렇다면 통계는 어떻게 신뢰를 만드는가? 통계는 불확실성을 줄여주는 사회적 장치다. 우리는 세상의 모든 것을 직접 경험할 수 없기에 통계를 통해 세상을 추론하고 판단하고 선택한다. 예컨대 은행은 고객을 직접 만나보지 않고도 대출을 결정한다. 고객의 소득, 자산, 신용 이력과 같은 데이터가 통계를 기반으로 한 신용평가모형에 입력되어 작동하기 때문이다.

이처럼 통계는 개인의 친분이나 감정이 아닌, 객관적인 정보에 기반해서 결정을 내릴 수 있게 해준다. 이것이 통계의 힘이다. 통계는 정책의 설계와 평가, 민주주의의 작동, 사회적 대화를 위한 공통 언어 역할도 수행한다. 1999년 영국 총리 토니 블레어는 〈통계에서의 신뢰의 구축〉이라는 보고서에서 다음과 같이 말했다.

"국가 통계는 정부의 의사결정에 기여하며, 국민이 정부가 약속을 이행하고 있는지를 판단할 수 있게 한다. 이런 점에서 국가 통계는 신뢰를 기저로 하는 민주주의가 작동하는 기반이다."

통계 없이는 정부의 성과를 평가할 수 없고, 시민은 정부를 비판하거나 지지할 근거를 가질 수 없다. 그 결과 사회 전체의 의사소통이 단절되고 신뢰는 무너진다.

우리나라의 경우, 통계는 경제발전의 기초를 놓는 데 결정적인 역할을 했다. 한국전쟁 직후 폐허가 되었고 통계 시스템조차 제대로 갖춰지지 않은 상황이었다. 1952년, 내한한 유엔 네이션 사절단은 국민소득통계를 비롯한 기초 통계를 마련할 것을 권고했고, 이에 따라 당시 최고의 인재들이 통계 정비에 착수했다.[11] 1958년부터 1963년까지 활동한 유엔 통계고문단은 통계국을 경제기획원으로 이관하고, 통계법을 제정하며, 인구조사 등 우리나라 통계를 체계화하는 데 기여했다. 이들은 또한 대학에 통계학과를 설치하도록 권고했고, 통계 담당자들의 해외 연수를 지원하는 등 인재 양성에도 힘썼다.[12]

이렇게 정비된 통계 시스템과 인재들은 이후 경제개발 5개년 계획을 수립할 수 있는 기반이 되었고, 오늘날의 1인당 국민소득 3만 달러 시대를 여는 데 기초가 되었다. 통계는 단순한 숫자의 집합이 아니라 국가 운영의 전략과 방향성을 설정하는 핵심 인프라인 것이다.

오늘날 우리는 빅데이터, 인공지능, 실시간 정보로 가득한 시대에 살고 있다. 그러나 정보가 많다고 해서 불확실성이 저절로 줄어드는 것은 아니다. 오히려 정보가 넘칠수록 무엇을 믿을 것인가, 어떻게 해석할 것인가가 더 중요해진다. 이때 통계는 단순한 데이터 요약을 넘어 의미를 구조화하고, 판단의 근거를 제공하며, 미래를 설계하는 힘이 된다.

엘즈버그는 우리가 왜 불확실성을 회피하는지를 보여주었다. 우리는 모호한 B 주머니보다 구조가 명확한 A 주머니를 선택한다. 그리고 사회가 안정적으로 작동하려면 A 주머니와 같은 투명한 구조를 사회 곳곳에 만들어야 한다. 통계는 바로 그 A 주머니다.

사람과 사람, 사람과 사회, 조직과 국가를 이어주는 제도화된 신뢰의 도구, 통계는 단순한 숫자가 아니다. 그것은 우리가 직접 경험하지 않은 세상과도 거래할 수 있게 해주는 투명한 질서이며, 현대사회를 움직이게 하는 보이지 않는 소프트 인프라다.

20세기 위대한 발명품, 국민소득통계

필자는 과거 한국은행에서 국민소득통계를 작성한 경험이 있다.[13] 국내총생산(GDP)으로 대표되는 국민소득통계는 오늘날 우리가 경제를 이해하고 정책을 설계하는 데 가장 핵심적인 도구 중 하나다. 이 통계는 국가경제의 건강상태를 종합적으로 보여주는 대표 지표다. 노벨경제학상 수상자인 폴 사무엘슨과 윌리엄 노드하우스는 경제학 교과서에서 "GDP는 위성에서 대륙의 날씨를 보는 것처럼 경제 전체의 상태를 보여준다. 이 통계가 없었다면 정책결정자들은 방향 없는 항해를 해야 했을 것"이라고 평가했다.

GDP는 우리나라 정책목표인 경제성장률, 1인당 국민소득 등을 계산하는 데 활용된다. 한국전쟁 후 최빈국에서 선진국으로 도약한 우리 경제의 궤적을 숫자로 확인할 수 있게 해준 통계다. 예컨대 우리나라의 1인당 국민소득은 1953년 66.5달러로 세계에서 가장 가난한 나라 중 하나였으나 2024년에는 약 36,624달러로 일본과 대만을 앞섰고, 인구 5천만 명 이상 국가 중 6위를 차지했다.[14]

그러나 이 통계는 처음부터 존재했던 것이 아니다. 국민소득통계는 1930년대 대공황이라는 전례 없는 위기 속에서 태어났다. 당시 미국은 소비 호황과 투기 열풍으로 주가가 비정상적으로 상승했고, 1929년 10월 24일부터 시작된 주가 급락은 29일 대규모 매도 사태로 이어졌다. 이로 인해 주식시장이 붕괴하고 은행들이 파산하면서 유동성 위기가 발생했고, 이는 세계경제 전반으로 확산했다.

문제는 위기의 본질과 심각성을 진단할 수단이 부족했다는 데 있었다. 당시 후버 대통령과 루즈벨트 대통령이 접할 수 있었던 경제 정보는 철도 운송량, 철강 생산량, 주가와 같은 단편적인 지표뿐이었으며, 실업률조차 제대로 측정되지 않았다. 제조업 중심의 통계는 농업, 서비스업 등 전체 경제활동의 위축을 반영하지 못했고, 경제정책의 효과를 평가할 종합적인 지표도 없었다. 결국 정부의 대응은 상황에 뒤처졌고, 경제는 진단과 처방 없이 깊은 침체로 빠져들었다. 대공황은 단순한 경기침체를 넘어 통계 인프라의 부재가 초래한 정책 실패의 상징이었다.

이 상황에서 미국 상무부는 국가경제의 실태를 체계적으로 파악할 필요성을 절감했고, 당시 전미경제연구국(NBER)의 경제학자 사이먼 쿠즈네츠에게 국민소득통계 체계를 설계하도록 의뢰했다. 쿠즈네츠는 1937년 경제이론에 기반하면서도 기초통계를 일관된 틀로 통합한 지표로 GDP를 고안해 의회에 보고했다.[15] 그는 단순한 수치 정리를 넘어 경제정책의 인식 틀을 바꿨다. GDP는 생산,

분배, 지출이 어떻게 연결되는지를 설명할 수 있는 통합적인 틀이 되었고, 이후 경제정책 수립의 나침반으로 활용되며 대공황과 같은 극심한 침체의 반복을 방지하는 역할을 했다.

GDP의 도입은 미국을 넘어 세계로 퍼졌다. 제2차 세계대전을 겪으며 각국은 전쟁 수행 능력과 자원 배분을 보다 정밀하게 관리할 필요를 느꼈고, 전후 복구와 성장을 위해 국민소득통계는 더욱 중요해졌다.[16] 1953년 UN 주도로 국민계정체계(SNA)가 마련되면서 GDP는 국제적인 표준 지표가 되었고, 이는 각국의 경제를 동일한 틀에서 비교·분석할 수 있게 했다. 이후 국민소득통계는 계속해서 발전해왔다. 산업연관표, 자금순환표, 국제수지표와 국민대차대조표로 확장되면서 보다 복잡하고 연결된 경제를 알 수 있게 되었다.

이처럼 국민소득통계는 단지 숫자를 나열하는 것이 아니다. 그것은 경제를 보는 눈, 정책을 움직이는 손, 그리고 위기를 예방하고 대응할 수 있게 하는 정보의 기반이다. 대공황이라는 위기 속에서 등장한 이 통계는 오늘날에도 여전히 경제의 나침반으로 작동하고 있다. 1999년 12월 7일, 미국 상무부는 GDP를 "20세기의 위대한 발명 중 하나"로 말했다.[17] 하지만 GDP에도 한계는 있다. 환경오염, 여가, 건강, 행복 같은 삶의 질은 반영하지 못하기 때문이다. 이에 따라 GDP를 보완하고 확장하려는 다양한 통계 개발 노력도 계속 이어지고 있다.[18]

진실과 새빨간 거짓말 사이

우리는 숫자의 홍수 속에 살아간다. 선거 여론조사, 소비자물가지수, GDP, 각종 랭킹 등 통계는 사회의 방향을 정하고, 개인의 선택에도 큰 영향을 준다. 이들 통계는 일회성 수치가 아니라 일별, 월별, 분기별, 연도별 혹은 10년 단위로 주기적으로 조사되어 합계, 평균, 지수의 형태로 제시된다. 우리는 그 숫자를 근거로 세상을 해석하고, 판단하며, 행동한다.

우리 사회에서 통계에 대한 신뢰는 비교적 높은 편이다. 정부는 통계를 바탕으로 정책을 설계하고 평가하며, 대중은 통계를 믿고 받아들인다. 그러나 믿음이 지나치면 역설이 발생한다. 정책 결정자들은 통계가 자신의 정책 결과와 다르면 "통계가 틀렸다"고 말하고, 예측이 틀린 경우에도 "통계가 이상하다"고 한다. 통계가 현실을 잘못 비춘 것처럼 공격하는 것이다. 하지만 실제로는 예측이 틀렸거나 정책이 효과가 없었을 가능성이 더 크다.

사실 통계는 본질적으로 일부를 조사해서 전체를 추정하는 수단이므로 완전무결할 수 없다. 세부적으로 들여다보면 수많은 오류와 한계가 존재한다. 하지만 그 오류들은 통계를 전체로 보았을 때 상쇄되며 유용한 정보로 기능한다. 통계는 대개 국가 전체를 대상으로 만들어지기 때문에 이를 지나치게 소득계층이나 지역 단위로 세분화할 경우 표본수 부족이나 특정 집단의 과소대표 문제가 발생할 수 있다.

그럼에도 불구하고 통계는 여전히 우리가 세상을 이해하는 데 가장 유용한 축소 지도다. 음식을 현미경으로 보면 수많은 세균이 보여 도저히 먹을 수 없고, 약의 설명서에 적힌 부작용 목록을 들여다보면 복용이 꺼려지지만, 전체적으로 효능이 부작용을 압도하기 때문에 우리는 음식도 먹고 약도 복용한다. 통계도 마찬가지다. 부분만 보면 오류투성이지만, 전체적으로는 충분한 신뢰를 줄 수 있다.

통계의 품질은 일반적으로 '정확성', '신속성', '이용자 적합성'이라는 세 가지 기준으로 평가된다. 하지만 현실적으로는 예산과 시간이라는 제약이 존재한다. 이 한계 속에서 통계는 종종 공격의 대상이 된다. 특히 정치적으로 민감한 사안에 통계가 관여하게 될 때, 그 수치를 둘러싼 논쟁은 더욱 격화된다.

민주주의 사회에서는 통계를 독립적으로 작성하고, 통계에 대한 토론과 검증이 가능하다. 그러나 국가가 정략적 목적이 있거나 권의주의적일 때 통계가 조작되기도 한다.

실제 사례로, 그리스는 2001년 EU 가입을 위해 재정적자 비율을 인위적으로 낮춰 보이도록 미국 투자은행과 복잡한 계약을 맺고 국가부채를 외형상 감추었다. 당시 공식 발표된 재정적자는 EU 기준을 충족했지만 실제 상황은 훨씬 심각했다. 그리스는 통계를 인위적으로 가입 기준에 맞춰 EU에 가입했지만, 이후 2008년 글로벌 금융위기 직후 폭발적으로 부채 위기를 겪게 된다.[19]

이 위기의 한복판에서 30여 년간 IMF에서 통계 업무를 담당했던 안드레아스 게오르기우가 2010년 그리스 통계청장으로 임명되었다.[20] 그는 국제기준에 따라 2006~2009년의 재정적자 수치를 다시 계산해 EU에 보고했는데, 그 수치는 이전 정부가 발표한 것보다 훨씬 높았다.[21] 그러나 그는 통계를 바로잡았다는 이유로 직권남용과 공공이익 침해 혐의로 기소되어 유죄 판결을 받고 구속되었다. 국제사회와 학계는 그를 통계의 투명성을 수호한 인물로 평가했지만, 국내 정치 분위기는 그에게 적대적이었다.[22] 결국 2019년 그의 유죄 여부는 오락가락하다가, 2023년 유럽인권재판소는 그리스 사법부의 판단이 정치적으로 오염되었다며 인권침해가 있었다고 판결했다.[23]

이 사건은 통계가 현실을 투명하게 보여주는 도구가 되기도 하지만 권력의 이해에 따라 '불편한 진실'로 취급될 수도 있다는 사실을 보여준다. 통계는 때로는 거울처럼 현실을 보여주지만, 때로는 가면처럼 현실을 감추기도 한다. 통계 자체는 중립적이지만, 그것이 어떻게 만들어졌고 어떤 이해관계가 얽혀 있는지를 따지지 않으면 결코 중립적일 수 없다.

그리스는 이후 8년간의 구제금융 프로그램을 마무리하며, 2018년 당시 총리 치프라스는 이 과정을 '현대판 오디세이'에 비유했다. 그러나 그 항해의 출발점에는 조작된 통계와, 그것을 바로잡으려다 오히려 희생된 통계인이 있었다. 국제사회의 신뢰를 다시 얻는 데는 정직한 통계가 필요했고, 게오르기우로부터 새 출발이 가능했다.

우리나라 역시 1997년 IMF 외환위기를 겪으며 통계의 중요성을 절실하게 체감했다. 당시 정부는 외환보유액이 충분하다고 발표했지만, 실제로는 단기외채 상환능력이 부족했고, 실질적으로 사용 가능한 외환보유액은 매우 부족했다. 그 위기를 계기로 우리나라 통계 시스템은 보다 체계적이고 독립적인 방향으로 개선되었다.

《톰 소여의 모험》의 작가 마크 트웨인은 영국 보수당 정치가 벤저민 디즈레일리의 말을 인용하며 이렇게 말했다.

"거짓말에는 세 가지 종류가 있다. 거짓말, 새빨간 거짓말, 그리고 통계다."

이 문장은 통계를 전공하고 국가 통계를 작성해온 필자에게는 가장 불편한 인용구다. 이 말로 인해 통계 작성자와 통계학자는 진실을 호도하고 현실을 왜곡하는 존재로 오해받아 왔다. 통계라는 도구 자체가 거짓말의 수단인 것처럼 여겨진다.

통계는 진실과 거짓 사이 어딘가에 존재한다. 통계는 완전하지 않다. 예산과 시간의 제약 속에서 많은 판단과 선택이 개입되기 때문에 오류 가능성은 늘 존재한다. 하지만 작성자들이 정치적 영향 없이 독립적으로 통계를 생산한다면, 그 통계는 불완전하더라도 여전히 유용하고 의미 있는 정보를 제공한다.

문제는 통계 자체가 아니라 그것을 해석하고 활용하는 방식에 있다. 통계는 거짓말을 하지 않는다. 그러나 사람은 통계를 이용해 거짓말을 할 수 있다. 우리는 통계를 맹신해서도 무작정 배척해서도 안 된다. 중요한 것은 통계를 받아들이기 전에, 그것이 어떻게 만들어졌고, 어떤 가정과 전제, 계산 방식이 적용되었는지를 따져보는 태도다. 그 통계를 해석하고 사용하는 사람의 손끝에서 진실은 언제든지 왜곡될 수 있다. 통계가 '진실'이 될지 '새빨간 거짓말'이 될지는 통계를 다루는 사람과 그것을 읽는 우리 모두의 책임이다. 그래서 더더욱 데이터를 읽고 분석하고 나아가 이를 통해 예측하는 힘, 데이터지능이 절실하다.

에필로그

이 책을 쓰게 된 계기는 단순했다. 그동안 써온 통계와 데이터에 관한 글들이 제법 쌓이자, 이를 정리해 한 권의 책으로 묶고 싶다는 생각이 들었다. 처음에는 기존의 글들을 모으면 쉽게 완성될 것 같았다. 그러나 막상 글을 다시 읽어 보니 오랜 시간 동안 바뀐 필자의 생각과 시선이 그대로 반영되어야 했고, 그만큼 다시 쓰는 작업에 가까웠다.

돌이켜보면 이런 과정은 통계학을 배우는 경험과도 닮아 있다. 우리는 통계적으로 사고하기 위해 통계학을 공부하지만, 실제로 통계학의 개념을 진정으로 이해하는 과정은 머릿속에 몇 장의 그림을 그리는 것처럼 직관적인 작업이다. 어떤 개념은 데이터를 다루는 경험 속에서 실감나게 체득되고, 어떤 원리는 수식이 아니라 반복적인 시행착오와 시각적 통찰을 통해 정리된다. 필자 역시 통계학을 과학의 언어인 '수학'으로 사고하지는 않는다. 하지만 통계학적 문제를 수학으로 표현하고, 내 주장이 타당한지를 입증하려면 결국 수학을 빌려야만 한다. 즉 누군가가 만들어 놓은 수학적 틀을 통해 나의 사고를 정당화해야 한다.

이런 모습은 다른 과학 분야에서도 마찬가지다. 20세기의 천재 물리학자 아아인슈타인 역시 자신의 이론을 수학으로 증명하는 데 어려움을 겪었다고 한다. 그는 물리학을 연구하는 친구에게 "수학은 걱정 말게. 나는 자네보다 더 심각하네"라고 편지를 쓴 적이 있다. 그의 주요 발견은 복잡한 수식을 통해서가 아니라 반복적인 사고 실험과 직관을 통해 이루어졌다.

소설가가 장면을 먼저 그림처럼 떠올리고 이를 언어로 풀어내듯 통계학의 개념도 머릿속 이미지로 그려지고 난 후 수학으로 표현된다. 외국어를 문법 위주로 공부한 사람보다 직접 말하며 익힌 사람이 실제로 언어를 더 유창하게 구사하듯 통계학도 실습과 경험을 통해 개념을 체화하는 과정이 중요하다.

통계학은 수학 없이는 배울 수 없지만, 수학만으로 통계학을 완전히 이해할 수는 없다. 예컨대 중심극한정리를 수학적으로 증명한다고 해서 그것이 통계학의 본질을 온전히 이해했다는 뜻은 아니다. 오히려 수많은 데이터를 직접 다루고, 시행착오를 겪으며, 그 원리를 곱씹는 과정에서 개념은 점차 나의 것이 되어 간다. 수학적 논리만 좇다 보면 오히려 통계학의 본질을 놓치고 만다.

통계학의 진정한 이해는 개념에 대한 직관을 바탕으로, 이를 반복적인 데이터 분석과 시뮬레이션을 통해 체화하는 것에서 비롯된다. 이때 통계학의 역사적인 맥락을 함께 이해하는 것도 큰 도움이 된다. 물론 수학을 통한 정밀한 증명은 개념을 명확하게 하는 데 중요한 도구이지만, 반드시 선행되어야 할 필요는 없다. 오히려 실습과 경험을 통해 개념을 연결하며 구축해가는 과정이 통계학을 이해하는 데 더 효과적이다.[2]

필자가 40여 년간 통계학을 배우고, 연구하고, 통계를 만들고, 데이터를 분석하고, 학생들을 가르쳐 온 경험을 바탕으로, '데이터지능'이라는 주제 아래 통계학의 전체 그림을 조망하고자 했다. 단순히 지식을 전달하는 데 그치지 않고, 독자 스스로 데이터로 사고하는 법을 익히기 바라는 마음으로 집필했다.

통계학은 흔히 수학의 하위 분야로 오해받지만, 실제로는 세상을 이해하고 설명하려는 실천적인 시도에서 출발한 학문이다. 이 책은 그런 통계적 사고의 여정을 '데이터지능'이라는 이름으로 담아내고자 했다. 우리가 불확실한 세상에서 데이터를 읽고, 분석하고, 예측하는 능력, 이 데이터지능은 단순한 기술이 아니라 세상을 이해하고 설명하고 결정하는 사고의 틀이다.

이 책의 구성은 통계학의 두 축을 따른다. 1장부터 6장까지는 확률, 표본, 추정, 검정, 인과관계, 모형 등을 중심으로 불확실성을 다루는 추측통계학의 핵심 원리를 설명했고, 7장과 8장에서는 데이터를 요약하고 시각화하며 정보를 정리하고 전달하는 통계와 기술통계학의 힘을 다루었다.

프롤로그에서 언급했듯 우리는 오래전부터 밤하늘의 별에서 패턴을 찾고 의미를 부여해왔다. 이제는 그 별 대신 데이터를 들여다보며 세상을 이해하고자 한다. 데이터를 표로 정리하고 그래프로 시각화해서 설명하는 기술은 단순한 정리 기술을 넘어 사회를 설득하고 변화시키는 언어가 된다.

통계를 만드는 실무 현장에서 이 사실을 절감한 적이 있다. 필자는 대학에서 통계학을 전공하고 한국은행에 들어갔지만, 처음에는 통계학과 통계의 차이를 명확히 인식하지 못했다. 통계학을 분석과 추론의 도구로 배웠지만, 실제 통계를 만드는 일은 데이터를 공정하게 수집하고, 정리하고, 사람들이 이해할 수 있게 표현하는 일, 즉 기술통계학의 연속된 실천이었다. 국민소득통계와 같은 통계를 만든다는 것은 단순히 값을 합산하는 것이 아니라 국가의 경제를 국제기준에 맞춰 다시 만드는 과정이었다. 그제야 통계와 통계학이 실천 속에서 맞닿아 있다는 사실을 비로소 깨달았다.

이 책을 통해 필자는 독자와 함께 그런 사고의 여정을 나누고 싶었다. 데이터지능은 이제 특정 전문가만의 도구가 아니라 모든 시민이 갖춰야 할 21세기형 문해력이다. 이 책이 그 첫걸음을 내딛는 데 작은 도움이라도 되었기를 바란다.

책 전체에서 설명했듯 오늘날의 인공지능 역시 데이터를 기반으로 패턴을 발견하고 예측하는 과정을 자동화한 것이다. 신경망 모형의 작동 방식은 통계적 사고와 닮아 있다. 우리는 데이터를 보고, 의심하고, 반복적으로 검토하면서 판단한다. 인공지능도 그런 과정을 반복 학습을 통해 수행한다. 결국 데이터지능은 인간과 기계가 공유하게 된 새로운 사고의 기반이기도 하다.

마지막으로, 이 책에서 다룬 핵심 메시지를 바탕으로 챗GPT(가사)와 음악 생성형 AI 수노를 활용해 노래를 만들었다. 노랫말에는 통계적 사고의 의미와 데이터지능이 향하는 방향이 담겨 있다. 이 노래로 숫자와 그래프 너머에 있는 데이터지능, 그 본질을 느껴보기를 바란다.[3]

세상은 늘 변해가 확신 없는 빛 속에서
우린 작은 조각들을 모아 의미를 찾아가
모든 걸 볼 순 없지만 그 일부로 세상을 느껴
확률이라는 언어로 진실에 다가서
불확실한 세상 속 우린 질문을 던져
가장 가능성 높은 꿈을 조심스레 그려가
낮은 믿음은 흘려보내고 의심 속에서 빛을 찾아가
실험 속 작은 신호들 의미를 품고 다가와
그 안에서 우리는 숨어 있는 진심을 봐
단 한 번의 답이 아닌 수천 번의 생각으로
우리는 추측하고 또 다시 검증해

● 주석

1장

1. 세계 모든 나라에서 남자아이가 여자아이보다 많이 태어난다. 일반적으로 여아 100명당 남아 105~107명이 태어난다. 하지만 남아가 출생 시 사망률이 높고 젊어서는 전쟁 등으로 사망하는 경우가 많고 기대수명이 짧아 전체 인구의 성비는 거의 50 대 50이다. 이 현상에서 이런 출생성비를 신의 섭리의 결과라고 믿었다.
2. 베르누이는 p=0.6일 때 표본비율이 0.9999의 확률로 29/50와 31/50 사이가 되려면 시행 횟수가 최소 25,550회 이상이라고 계산했다. 오늘날에는 컴퓨터를 통한 난수 생성 기법으로 무한히 많이 시뮬레이션할 수 있어서 비율 추정의 정확도를 크게 향상할 수 있게 되었다.
3. 공정한 동전던지기는 확률이 0.5인 베르누이 분포를 따르는 난수를 생성하는 것과 같다. 컴퓨터 프로그램을 수행해서 동전던지기와 같은 난수를 수없이 많이 생성할 수 있고, 이를 통해 확률을 이해할 수 있다.
4. 척전은 동전 3개를 한 번에 던져 앞면과 뒷면의 조합에 따라 선(線)을 만들고, 이를 총 3번 반복해서 괘(卦)를 완성한다. 척전으로 만든 괘는 주역의 64괘와 연결되어 길흉을 따진다.
5. 《태종실록》 8권, 태종 4년 10월 6일 甲戌 1번째 기사 "돈점을 쳐서 도읍을 한양으로 결정하고, 이궁을 짓도록 명하다." 조선왕조실록, https://sillok.history.go.kr/id/wca_10410006_001, 국사편찬위원회.
6. 1903년 12월 14일, 동전던지기에서 형 윌버가 이겨 먼저 비행을 했다. 출처: 위키백과, https://ko.wikipedia.org/wiki/라이트_형제
7. KBS 뉴스 2015년 5월 20일 기사. 동전던지기로 캐나다 주의원 당선자 결정 진풍경, https://news.kbs.co.kr/news/pc/view/view.do?ncd=3079384
8. 선수들에게 승부차기는 공포의 대상이다. 유명한 선수라도 실축하는 경우가 많다.
9. 출처: SBS NEWS, https://news.sbs.co.kr/news/endPage.do?news_id=N1006718186

10. František Bartoš 등 (2023). Fair coins tend to land on the same side they started: Evidence from 350,757 flips, https://arxiv.org/abs/2310.04153
11. 토머스 베이즈의 사후에 발표된 논문 〈확률론의 한 문제에 대한 에세이〉에서 베이즈 정리의 기초 개념이 설명되어 있다.
12. 피에르시몽 드 라플라스는 사건이 발생한 후 그 원인을 확률적으로 추론하는 문제를 다루었는데, 이를 'Probabilité Inverse'(역확률)라고 불렀다. 빈도주의 확률(Frequentist Probability)은 사건의 반복 실험을 통해 확률을 정의하는 전방향적(Forward) 접근 방식이다.
13. 이 문제와 유사한 문제를 베이즈 정리로 푼 풀이의 예는 《확률의 개념과 응용 개정판》(이긍희·박진호, 한국방송통신대학교출판문화원, 2024) pp60-62에 있다.
14. 출처: https://en.wikipedia.org/wiki/Let%27s_Make_a_Deal
15. 이 문제를 베이즈 정리로 푼 풀이는 《확률의 개념과 응용 개정판》(이긍희·박진호, 한국방송통신대학교출판문화원, 2024) pp62-64에 있다.
16. 실제로 Applet(https://www.rossmanchance.com/applets/2021/montyhall/Monty.html)을 이용해서 시행을 반복해 확률을 체감할 수 있다.
17. 이 히스토그램의 작성에 이용된 데이터는 R 프로그램의 정규분포 함수로부터 생성했다.
18. 수능의 등급은 스테나인 체제다. 스테나인은 9개의 등급 점수로 표현되는 정규화 척도점수의 일종으로 제2차 세계대전 중 미국 공군이 만든 점수 체제이고, 이를 정규분포에 적용해서 확률을 구한다. 자세한 내용은 〈대학능력시험의 안정적 등급 산출을 위한 요건 탐색〉(양길석·민경석·손원숙·이명애, 《교육과정평가연구》, 2006) 참조.
19. 출처: https://ko.wikipedia.org/wiki/슈뢰딩거의_고양이
20. 대수의 법칙은 야코프 베르누이가 만든 것으로, 어떤 확률적 사건을 반복적으로 실험할 때, 그 평균값이 이론적인 기댓값(참값)에 가까워진다는 원리다. 중심극한정리는 라플라스가 제안한 것으로, 여러 개의 독립적인 확률 표본의 평균을 구할 때, 그 평균이 정규분포에 가까워진다는 원리다.
21. 이 사건에 대해서는 (1) Ralph Stömmer(2024). On the Lottery Problem:Tracing Stefan Mandel's Combinatorial Condensation, https://arxiv.org/pdf/2408.06857, (2) 《인디펜던트》 2019년 9월 24일 기사, How

a Romanian mathematician hacked the system and won the lottery 14 times, https://www.independent.co.uk/news/world/americas/how-to-win-lottery-romanian-mathematician-hacked-system-stefan-mandel-a8527556.html, (3) 유튜브 https://youtu.be/4TqFp0efLK0 참조.
22. 이 내용은 파스칼이 남긴 철학적 단상인 《팡세》에서 소개되었다.
23. 확률변수 확률분포의 기댓값은 결과의 값과 확률을 곱한 후 합해서 구한다. 확률변수가 연속형 변수라면 합 대신 적분을 이용해 기댓값을 구한다.

2장

1. 우리가 알고자 하는 세상은 내가 생각한 크기보다 훨씬 더 크고 시간에 따라 변한다. 따라서 다 조사하거나 관찰하기도 어렵고 시간과 비용도 많다.
2. 소설 《돈키호테》는 스페인 작가 세르반테스의 대표작이다. 이 내용은 돈키호테와 함께 모험을 떠난 산초 판자가 바라타리아섬의 통치자로 있을 때 이야기다.
3. 《돈키호테》의 원본에서 "실 한 올을 보면 타래를 알 수 있다(Por el hilo se saca el ovillo)"를 의역한 것이다.
4. O.J. 심슨은 미식축구 선수이며 배우다. 그는 당대 최고의 러닝백이었고, 당시 유명한 영화 〈총알 탄 사나이〉에 출연했다. 재판 과정에 다양한 확률과 통계학 관련 내용이 나온다. 특히 재판에서 변호사 측 변론의 많은 부분이 검찰 측 증거와 주장을 다양한 확률을 이용해서 반박했다.
5. 이 재판의 생중계 최고 시청률은 91%였다. 이는 아폴로11호 달 착륙 시청률인 90%보다 높은 기록이었다.(연합뉴스, 1995년 10월 5일)
6. 귀납적 추론은 관찰된 개별 사례로부터 일반적인 결론을 도출하는 사고 과정이다. 숲에서 발견한 발자국들로부터 누가 그곳을 지나갔는지 추측하는 것과 같다.
7. 여론조사는 정치, 경제, 사회적 이슈에 대한 대중의 태도와 의견을 측정하는 것을 목적으로 하며, 시장조사는 소비자의 욕구, 시장 동향, 경쟁사 현황 등을 파악하기 위해 정보를 수집하고 분석하는 것을 목적으로 한다.
8. 2002년 11월 후보 단일화 여론조사의 문항은 '한나라당 이회창 후보와 경쟁할 단일후보로 노무현·정몽준 후보 중 누구를 지지하십니까?' 다.(《경향신문》, 2007.08.07.)

3장

1. 어떤 행동에 객관적 기준이 없어서 확신이 없을 때 집단의 행동을 보고 그 집단에 따르도록 자신의 행동을 조정하는 현상.
2. 처음에 입력된 정보가 나중의 정보보다 더 기억에 잘 남는 현상을 의미한다.
3. 대중적으로 유행하는 선택에 힘을 실어주는 효과를 의미한다.
4. 최대가능도추정법(MLE)은 표본의 결합확률분포(가능도 함수)로부터 모수에 대해 가능도 함수의 값을 가장 크게 만드는 통계량을 찾는 방법이다. 이 추정 방법은 1920년대에 영국의 통계학자 로널드 피셔가 기존의 아이디어들을 바탕으로 체계화한 것이다.
5. 대니얼 카너먼 등의 《노이즈: 생각의 잡음》 참조.
6. 콤파스에 관한 내용은 https://en.wikipedia.org/wiki/COMPAS_(software) 참조.
7. 루미스 사건에 대해서는 https://harvardlawreview.org/print/vol-130/state-v-loomis/ 참조.
8. https://medium.com/@lamdaa/compas-unfair-algorithm-812702ed6a6a 참조.
9. 자동 볼 판정 시스템(ABS) https://www.koreabaseball.com/Kbo/League/GameManage2025.aspx
10. 특정 선수나 팀이 불공정한 혜택(편의)을 받는 사례가 감소했으며, 팬들은 불필요한 감정 소모 없이 경기를 즐길 수 있게 되었다.
11. 모집단의 확률변수가 정규분포를 따른다면 표본평균은 불편성도 가지고 분산도 작은 우수한 통계량이다. 우리는 이런 사실을 알기 때문에 표본평균으로 모집단의 평균을 추정한다.
12. 표본비율의 표본오차는 표본 수의 제곱근에 반비례하고, 표본오차의 최댓값은 $0.5/\sqrt{표본수}$ 다.

4장

1. 뇌의 편도체를 중심으로 하는 감정적 경고 시스템이 작동한 결과다.
2. 이 문제의 푼 풀이는 《확률의 개념과 응용 개정판》(이긍희·박진호, 한국방송통신대학교출판문화원, 2024) p37에 있다.
3. 매일 세상에서는 수많은 사건이 발생한다. 이 모든 사건의 집합을 확률에서

는 표본공간이라고 부른다. 이 표본공간에는 일상적인 사건부터 기적에 가까운 일까지 다양한 사건이 포함된다. 그런데 뉴스는 이 중에서도 발생 확률이 매우 낮은, 극단적이고 예외적인 사건들만 선별적으로 보도한다.
4. 1948년 논문 〈커뮤니케이션의 수학적 이론〉에서 정보량 $I(x)$와 확률 $p(x)$의 관계를 $I(x)=-log2p(x)$로 수학적으로 정량화했다.
5. 1900년, 칼 피어슨은 카이제곱 검정을 발표하며 현대통계학을 열었다. 이후 1920년대에 들어 피셔는 1925년에 쓴 저서 《연구자를 위한 통계학 방법론》에서 귀무가설의 개념과 함께 유의확률 개념을 도입했다. 피셔는 데이터를 통해 귀무가설이 얼마나 타당한지를 평가하고, 유의확률을 기준으로 귀무가설을 기각할지를 판단하는 통계적 검정을 정립했다. 피셔의 아이디어를 바탕으로 네이만과 에곤 피어슨(칼 피어슨의 아들)은 가설검정에 대한 보다 엄격한 이론적 틀을 제시했다. 그들은 대립가설을 도입하고, 제1종 오류와 제2종 오류, 그리고 검정력의 개념을 체계화했다. 특히 이들이 제시한 네이만–피어슨 보조정리는 사전에 설정된 1종 오류 수준(유의수준)을 유지하면서 최적의 검정력을 갖춘 검정 방법을 구성하는 이론적 근거를 제공했다. 이후 피셔와 네이만–피어슨의 검정이론은 통합되어 체계화되어 이용되고 있다.
6. 대한민국 헌법 제27조 제2항에 "형사피고인은 유죄의 판결이 확정될 때까지는 무죄로 추정된다"라고 되어 있다.
7. 유의수준은 귀무가설을 기각하기 위한 최소한의 증거 기준이다. 유의수준이 낮을수록 더 강한 증거가 필요하다는 점에서, 이는 형사재판에서 유죄 판결을 내리기 위한 '합리적 의심이 없는 수준'과 비슷하다. 다만 유의수준은 수치로 명확히 정해지지만, 법정 기준은 그렇지 않다는 차이가 있다.
8. 1984년 영국의 알렉 제프리스 박사가 DNA 지문법을 개발했고, 이를 《네이처》에 기고했는데, 이 글을 본 그 지역 경찰이 1986년 발생한 강간 및 살인 사건에서 활용해서 범인을 잡으면서 그의 DNA 감식법이 유명해졌다. 1988년 미국에서도 DNA 검사가 법정에서 증거로 채택되기 시작했다. 이후 소량의 DNA 표본을 증폭하는 중합효소연쇄반응(PCR) 등이 도입되었고, 2010년대 방대한 유전자 정보를 읽을 수 있는 차세대 염기서열분석(NGS) 등이 도입되면서 DNA에 의한 식별은 정확해져 갔다. 2018년 미국에서 DNA를 이용해 45년 동안 미제사건으로 남아 있었던 '골든 스테이트 킬러' 사건의 범인을 찾으면서 DNA 수사의 새로운 전환점이 되었다.

9. 이 단체는 공정한 수사 및 재판 절차 마련을 위한 법 개정 추진하고, 무죄가 입증된 사람들의 심리적·경제적 회복을 돕는 프로그램 운영했다. 자세한 내용은 위키피디아 참조: https://en.wikipedia.org/wiki/Innocence_Project
10. 박준영 변호사가 재심 청구해서 승소했던 사건들이다.
11. 우리나라도 남아/여아 출생성비율이 2010년 이후 105 대 107이다.
12. 1973년 초심리학을 믿는 물리학자들이 그의 초능력 결과를 《네이처》에 논문으로 실어 사람들은 그의 초능력이 학술적으로 입증되었다고 믿었다.
13. MBC 〈신비한 TV 서프라이즈〉 2023년 6월 26일자 방송에 나온 내용이다.
14. 이는 통계적 숫자를 맥락 없이 사용함으로써 편견과 감정적 판단을 유도한 대표적인 사례다.
15. 영국통계학회의 보도자료와 대법원장에게 보내는 편지:
    https://www.courthouselibrary.ca/sites/default/files/inline-files/Royal%20Statistical%20Society%20Concerned%20by%20Issues%20Raised%20in%20Sally%20Clark%20Case.pdf
    https://rss.org.uk/RSS/media/File-library/Membership/Sections/2020/Sally-Clark-RSS-letter-2002.pdf
16. 자세한 내용은 다음 사이트 참조. 위키피디아: https://en.wikipedia.org/wiki/People_v._Collins, People v. Collins : https://law.justia.com/cases/california/supreme-court/2d/68/319.html
17. 조건부 확률을 거꾸로 적용했다.

5장

1. 이 속담을 사자성어로는 오비이락(烏飛梨落)이라 한다.
2. 이 사건은 1986년 9월 15일부터 1991년 4월 3일까지 총 10건 이상의 동일 유형의 연쇄살인이 발생한 것으로, 경찰은 총 200만 명의 인력을 투입하고 2만1천 명의 용의자를 조사하는 등 우리나라 경찰 역사상 최대 규모의 수사를 벌였다. 그러나 당시 우리나라에는 DNA 감식 기술이 도입되지 않아 진범을 특정하지 못했고, 수사는 장기화했다. 2019년, 보관되어 있던 증거품에서 DNA를 추출한 뒤 교도소 수감자들의 DNA와 대조한 결과 이춘재가 진범이라는 사실이 밝혀졌다. 이에 따라 '화성 연쇄살인사건'이라는 명칭도 '이춘재 연쇄살인사건'으로 공식 변경되었다. 하지만 이 과정에서 억울한 피해자

도 발생했다. 1989년, 경찰의 강압 수사로 인해 한 사람이 범인으로 몰려 무려 20년 동안 억울한 옥살이를 해야 했다.
3. 당시에는 인터넷, 스마트폰 등이 없어서 엽서로만 음악을 신청했다.
4. 실제 사건에서는 비 오는 날 발생한 살인사건은 10건 중 단 2건에 불과했다.
5. 자세한 내용은 위키피디아 https://en.wikipedia.org/wiki/Space_Shuttle_Challenger_disaster 참조.
6. 박성호 · 차경천, 〈챌린저호 폭발 원인은 통계의 오판〉, 《동아사이언스》, 2006.
7. Michael Kremer, The O-Ring Theory of Economic Development, The Quarterly Journal of Economics, Volume 108, Issue 3, August 1993, Pages 551-575, https://doi.org/10.2307/2118400
8. 매우 낮은 확률의 사건일수록 우리는 그에 대비하지 못하는 경우가 많다. 예를 들어 배수 시설은 보통 50년 혹은 100년에 한 번 발생할 수준의 홍수를 기준으로 설계된다. 하지만 최근 이상기후로 인해 대홍수의 발생 빈도가 높아지면서 이런 설계 기준으로 홍수를 대비하기 어려워진다.

6장

1. 철새들은 리더가 없어도 서로 신호를 주고받으며 거리와 방향을 조절하고, 공기역학을 활용해 에너지를 절약하며, 빠르게 반응하는 신경계를 갖추고 있다.
2. 이 지능은 분산되고 자체 조직화한 시스템을 기반으로 한다.
3. 오차항 또는 잡음은 정규분포와 같은 특정한 확률분포를 따른다.
4. 오쿤의 법칙은 미국 경제학자 아더 오쿤이 1962년 연구에서 제안한 경험적 법칙으로, 1950~1960년대 미국의 거시경제 데이터를 분석한 결과, 실업률이 변할 때 실질GDP가 일정한 비율로 변한다는 것이다. 일반적으로 실업률이 1% 증가하면 GDP가 약 2, 3% 감소하는 경향이 있다.
5. 뉴질랜드 출신 경제학자 윌리엄 필립스의 1958년 연구에서 1861~1957년 영국의 노동시장 데이터를 분석해, 실업률이 낮을수록 임금 상승률이 높아지는 비선형적인 역의 관계가 나타나는 것을 밝히고, 이를 '필립스곡선'이라 불렀다. 이후 연구자들은 이들 관계를 실업률과 물가상승률(인플레이션)의 상충관계로 확장해 거시경제 정책 분석에 활용하고 있다.

6. 1970년대 스태그플레이션(높은 실업률과 높은 인플레이션)이 발생하면서 필립스곡선에서 설명하는 실업률과 인플레이션 간의 관계가 성립하지 않았고, 오쿤의 법칙 또한 경제구조 변화와 정부 정책 개입에 따라 항상 일정한 비율을 유지하지 않는다.
7. 이 데이터는 Efron, B., Hastie, T., Johnstone, I., & Tibshirani, R. (2004). Least angle regression. Ann. Statist. 32(2)의 당뇨 환자 442명의 1년간 당뇨병 진행 정도와 기저 변수들로 구성된 데이터셋에서 1년간 당뇨병 진행 정도와 BMI만 추출해서 회귀모형을 만들었다. BMI는 표준화된 값(평균 0, 표준편차 1)이다. 데이터셋은 사이킷런(scikit-learn) 라이브러리에 내장되어 있는 데이터를 이용했다.
8. 현실에서 모든 변수가 완벽하게 설명되는 것은 아니므로 모형을 만들 때 반드시 예측되지 않는 오차항을 감안해야 한다.
9. MLE는 오차의 확률 분포를 기반으로 한 가능도함수를 최대화해서 모형을 찾는다.
10. 예를 들면 1967년에 저명한 와인 감정가인 앙드레 사이먼은 1965년 생산된 보르도와인이 알려진 1961년산 보르도와인만큼 우수할 것으로 예측했다. 그러나 실제로 1965년산 와인은 산미가 강하다는 이유로 낮은 평가를 받았고, 1961년산 와인의 15분의 1 가격에 경매에서 거래되었다.
11. Ashenfelter, O., Ashmore, D., & Lalonde, R.(1995)의 추정 결과다. Ashenfelter(2008)는 1981~2003 기간을 추가하고 데이터를 보정해서 다시 추정했다.
12. http://www.liquidasset.com/winedata.html
13. 파커의 평가는 보르도와인의 병당 가격에 평균 2.80유로의 상승 효과가 있는 것으로 추정된다.
14. 'How Big Data Can Predict The Wine Of The Century', 2014년 4월 30일, Forbes 기사, https://www.forbes.com/sites/sap/2014/04/30/how-big-data-can-predict-the-wine-of-the-century/?sh=39b1bb1731a9
15. 신경망 기반 알고리즘은 기후 요소와 와인 품질 간의 비선형 관계를 정밀하게 모형화하며, 위성 이미지, IoT 센서 데이터, 분광 분석 데이터 등 다양한 정보원을 통합한 예측 시스템도 등장하고 있다.
16. 자세한 내용은 위키피디아 참조: https://en.wikipedia.org/wiki/Solo

mon_Shereshevsky

17. 윌리엄 오캄은 14세기 영국의 수도사다. 여기서 면도날은 "사고 절약의 원리"다.
18. 회귀분석에 이용되는 모형은 몇 개의 설명변수가 종속변수를 설명하는 형태로 되어 있다. 하지만 실제의 경우 한 모형의 종속변수가 다른 모형의 설명변수가 된다. 이 경우 회귀모형 하나만으로는 세상의 복잡한 인과관계를 제대로 설명할 수 없다. 따라서 상호관계가 여러 개의 회귀모형을 그룹으로 만들어 모형화하는데, 이를 연립방정식 모형이라 부른다.
19. 김양우・장동구・이긍희, 〈우리나라의 거시계량경제모형-BOK97 경제분석〉, 한국은행, 1997.
20. 김양우・이긍희, 〈새로운 연간 거시계량경제모형-BOKAM97 경제분석〉, 한국은행, 1998.
21. 필자가 민속촌 관광에 혼자 동행했고, 시간이 길어 다양한 질문을 했다.
22. 칼 피어슨은 조수를 통해 톱니바퀴로 된 기계식 계산기로 각지에서 오는 데이터의 분포를 결정하는 4개의 모수를 계산했고, 이에 지나친 시간과 비용이 들었다.
23. 통계학은 대체로 독립성, 정규성 등의 가정을 하고, 이를 바탕으로 추론 방법을 마련한다.
24. GIGO(Garbage In, Garbage Out)는 '나쁜 데이터가 있으면 나쁜 결과가 나온다'는 뜻이다. 이는 절차가 공정해도 입력된 정보가 쓰레기이면 결과는 볼 필요도 없다는 뜻이다.
25. 예를 들어 10만 명의 데이터가 있다면 두 집단의 평균 차이가 0.001로 매우 작아도 유의확률은 0에 가깝게 나올 수 있지만, 이 차이가 실제로 중요한 의미가 없을 수도 있다.

7장

1. 데이비드 맥칸들리스, 〈정보 시각화의 아름다움〉, TED Global 2010. https://www.ted.com/talks/david_mccandless_the_beauty_of_data_visualization?language=ko
2. Nathan Yau(2023), Life Expectancy of Pets: https://flowingdata.com/2023/09/19/life-expectancy-of-pets/

그는 블로그 플로잉데이터(FlowingData)에 데이터 시각화, 통계 디자인에 대한 글을 쓰고 있다.
3. 이 그래프는 http://www.informationisbeautiful.net/2011/vintage-infoporn-no-1/ 참조. 동물별 수명은 그 당시 알려진 필드자연사박물관의 동물원 보고서와 생물학자의 추정값을 기반으로 구한 것이다. 노라이트는 이이소타입을 상업화했는데, 아이소타입은 현상들을 표준화되고 추상화된 일련의 그림 기호로 표현하는 방법이다.
4. 데이터 시각화의 역사에 대해서는 다음 논문 참조: James R. Beniger and Dorothy L. Robyn, "Quantitative Graphics in Statistics: A Brief History", The American Statistician, Vol. 32, No. 1 (Feb., 1978), pp. 1-11.
5. 탄산수 제조법, 산소의 발견 등으로 알려져 있는 그는 급진적인 신학 사상과 정치적 입장 때문에 박해를 받아 1794년 미국으로 망명했다.
6. 다음 사이트에서 그의 데이터 시각화 결과를 볼 수 있다. The Time Charts of Joseph Priestley: a digital exploration https://pages.uoregon.edu/infographics/dev/timeline/pages/index.html
7. 플라톤은 소크라테스의 제자이며, 아리스토텔레스는 알렉산더대왕의 청년 시절 개인교사였다. 아리스토텔레스는 플라톤의 아카데메이아에서 20년 가까이 공부했다.
8. 플레이페어에 대한 자세한 내용은 위키피디아에 정리되어 있다. https://en.wikipedia.org/wiki/William_Playfair#cite_note-JRB78-18
1786년 시간에 따른 선그래프, 막대그래프를, 1801년 원그래프를 만들었다.
9. 미나르는 디종 출신의 토목기사로 1825년 파리의 포장도로 유지관리 시각화, 1845년 디종과 뮐루즈 사이 지역의 철도 노선 계획에서 교통흐름지도 작성 등 시각화 지도를 만든 토목기사다. 자세한 내용은 https://en.wikipedia.org/wiki/Charles_Joseph_Minard 참조.
10. 터프티, 《양적 정보의 시각적 표현》, 1983년.
11. 1854년 당시 빅토리아 여왕의 정치적 권한은 제한적이었고, 실질적인 행정 권력은 총리와 내각이 행사했다. 1854년 당시 영국의 하원 선거권은 소유한 재산과 납부한 세금 기준으로 결정되었으며, 부동산 소유자 또는 일정 금액 이상의 임차료를 지불하는 남성만 투표할 수 있었다. 여성, 노동자, 빈민, 대부분의 농민, 아일랜드 및 스코틀랜드 하층민은 투표권이 없었다.

12. 나이팅게일에 대한 자세한 내용은 다음 출처를 이용했다.
    (1) 위키피디아: https://en.wikipedia.org/wiki/Florence_Nightingale
    (2) Bradshaw N.-A.(2020). Florence Nightingale: 200 Years Since Her Birth and We Are Still Making the Same Errors With Data, 〈Mathematics TODAY〉, APRIL 2020 pp 65-68.
    (3) Anderson RJ.(2011). Florence Nightingale: the biostatistician. Mol Interv. 2011 Apr;11(2):63-71. doi: 10.1124/mi.11.2.1. PMID: 21540464.
    (4) Florence Nightingale: The Lady with the Lamp, National Army Meseum, https://www.nam.ac.uk/explore/florence-nightingale-lady-lamp
13. 통계학계에서 이처럼 이례적으로 인정받은 것은 그녀가 전장의 죽음과 생존을 숫자로 파악하고 시각화해서 사회를 변화시켰기 때문이다.
14. 전신은 먼 거리에서도 정보를 전달할 수 있도록 만든 통신 기술로, 크림전쟁에서 전쟁터에 처음으로 실전에 배치되어 사용되었다. 이 기술은 전쟁 중 전략적 결정과 자원 배분을 신속하게 조정할 수 있도록 도왔으며, 전쟁사에 통신의 전환점을 이룬 사건이었다. 특히 크림전쟁에서는 종군기자들이 처음으로 전신을 이용해 매일 전황과 병원 상황을 본국으로 송신했고, 이런 보도를 통해 나이팅게일의 활동도 대중적으로 널리 알려졌다. 그녀가 밤마다 등불을 들고 병사를 돌보는 모습은 기사와 삽화를 통해 빠르게 퍼져나갔다.
15. 롱펠로우가 1857년 쓴 시 〈산타 필로메나(Santa Filomena)〉로, 크림전쟁 당시 부상자들을 돌본 플로렌스 나이팅게일을 기리는 작품이다. 출처: H. W. Longfellow(1857). The Atlantic Monthly; November 1857; "Santa Filomena", 1(1), pp 22-23. 다음은 시의 일부다.
    보라, 그 비참한 집에서 등불을 든 한 여인이
    어슴푸레한 어둠을 지나 방에서 방으로
    천사처럼 지나가는 것을
16. 이 보고서는 200여 페이지가 넘는 체계적인 보고서다. 이 보고서에는 크림전쟁 중 야전병원의 환경, 군 의료 체계의 문제점, 개선 방안 등의 내용이 있고, 부록에는 상세한 통계표와 분석 결과가 있다.
17. 이 도표를 극지방 면적 도표 또는 콕스콤 도표라고도 부른다.
18. 1858년 말, 일부 언론에서는 나이팅게일이 의도적으로 당시의 사망자 수

를 과장했다는 주장했다. 나이팅게일은 1859년 익명으로 영국 육군성이 공개한 공식 자료를 바탕으로 자신이 보고했던 사망자 수가 과장이 아니며 보수적인 추산이었다는 것을 보였다.
19. 윌리엄 파는 19세기 영국의 의사이자 통계학자다. 그는 의학통계학의 발전에 크게 기여했고, 당시 질병의 원인을 분석하고 공중보건 정책 개선을 위해 노력했다. 그는 GRO(General Register Office)에서 통계 책임자로 활동하며, 사망 기록과 질병 데이터를 수집·분석했다.
20. 당시 영국 사회에서는 질병 및 감염의 원인을 주로 악취가 질병을 일으킨다는 미아즈마 이론으로 이해했고, 위생과 공중보건 시스템은 매우 미흡했다. 1860년대 파스퇴르와 코흐가 세균 이론을 확립하면서 그 원인이 밝혀졌다. 이로써 손 씻기, 소독, 적절한 폐기물처리 등 위생은 질병 예방 및 치료에 필수적인 요소로 자리잡았다.
21. 런던은 악취와 하수 문제로 인해 여러 차례 위기를 겪었다. 1831년과 1848년의 콜레라 유행, 그리고 일상적인 템스강의 악취는 런던 시민들과 당국에 반복적으로 문제를 일으켰다. 1858년의 여름의 기록적인 무더위는 템스강의 악취를 더욱 심화시켰고, 템스강 옆에 있던 영국 의사당 내부로 악취가 유입되면서 의회는 일시적으로 휴회했다.
22. 존 스노우의 콜레라 관련 참고자료:
 (1) 위키피디아: https://en.wikipedia.org/wiki/John_Snow
 (2) 스티브 존슨, 김명남 역, 《감염지도》, 김영사, 2008.
 (3) Field, K.(2020). Something in the water: the mythology of Snow's map of cholera, ArcGIS Blog.,
 (4) Sandberg, M.(2013). DataViz History: The Ghost Map: Myth-Making and Evolution of the Ghost Map, Michael Sandberg's Data Visualization Blog, April 13, 2013.
23. 이 지도에서 건물명은 없지만 브로드가 오른쪽 사망자 수가 표시되지 않은 큰 건물이 양조장이다.
24. 구빈원은 당시 자신을 부양할 수 없는 사람들을 위해 숙소와 일자리를 제공하는 시설이다.
25. 나중에 밝혀진 바에 따르면 펌프가 콜레라에 걸린 아기의 기저귀로 인해 오염되었고, 그 오염된 물이 펌프를 통해 공급되면서 시민들이 감염된 것이

었다.
26. Anscombe, F. J. (1973). Graphs in Statistical Analysis. The American Statistician, 27(1), 17-21. https://doi.org/10.2307/2682899.
27. 튜키는 미국의 통계학자로, FFT 알고리즘과 탐색적 데이터분석 관련 상자 그림을 개발했다. 그리고 '비트', '소프트웨어'라는 단어를 만들었다.
28. Tukey, J. W. (1962). The Future of Data Analysis. The Annals of Mathematical Statistics, 33(1), 1-67. http://www.jstor.org/stable/2237638
29. EDA로 얻은 통찰은 반드시 별도의 확인 절차를 거쳐야 한다.

8장

1. 황윤길은 서인이었고, 김성일은 서인의 반대 세력인 동인이었다. 자세한 내용은 나무위키 https://namu.wiki/w/김성일(조선) 참조.
2. 케틀레는 1835년에 출간한 《인간과 인간의 재능 발달에 대한 연구 또는 사회물리학에 대한 시론》에서 '평균인'이라는 개념을 제안했다. 자세한 내용은 스티븐 스티글러의 《통계학의 역사》 참조.
3. 골튼은 이 발견을 1907년 《네이처》에 발표했는데, 이 글에서는 극단적 값의 영향이 줄이기 위해 중앙값을 이용했다. 이후 골튼은 극단값까지 포함해서 평균을 다시 계산했는데, 그 값은 중앙값보다 더 실제 황소 무게에 근접했다. https://www.cremeglobal.com/how-to-correctly-estimate-the-weight-of-an-ox/ 참조.
4. 평균이 의미 있으려면 몇 가지 조건이 필요하다. 데이터는 독립적으로 수집되어야 하고, 극단값들은 검토해서 적절히 처리되어야 한다.
5. 흑사병은 페스트균에 의해 발생하는 급성 열성 전염병으로, 인류 역사상 가장 치명적이었던 감염병 중 하나다.
6. 배재수·장주연·노성룡·김태현, 《광복 이후 산림자원의 변화와 산림정책-녹화 성공과 새로운 도전》, 국립산림과학원, 2022.
7. 자세한 내용은 《정약용과 그의 형제들》(이덕일, 김영사, pp203-204), 2019년 1월 31일 《한국일보》〈정민의 다산독본〉 https://www hankookilbo.com/News/Read/201901291832756842 참조.
8. 1795년에 다산 정약용이 쓴 식목연표에 대한 주석(발문)이 있다. 《사암선생연보》는 정약용의 삶의 족적을 기록한 책으로, 그의 현손이 1921년에 펴냈

다. http://tasan.or.kr/data/downfile/사암연보.pdf 참조.
9. 1961년 경제학자 대니얼 엘즈버그가 제시한 패러독스다. 기대효용이론은 사람들이 선택 가능한 결과 각각의 확률과 가치(즉 얻는 만족도)를 곱해서 계산하고, 그중 기대효용이 가장 높은 선택지를 고른다고 설명한다.
10. 통계는 우리가 세상을 이해하고 판단할 수 있도록 도와주는 숫자와 정보다. 실업률, 물가, 인구, 소득 같은 숫자가 모두 통계다. 반면에 통계학은 이런 통계를 만들고 데이터로부터 분석, 예측, 검증하는 방법을 연구하는 학문이다.
11. 네이션 사절단은 1950년 12월 유엔총회 결의에 의해 구성된 유엔한국재건단(UNKRA)에 한국 경제와 관련한 자문단으로, 1954년 3월 한국경제개발계획을 마련한다. 1957년 홀 박사의 미 재무부 자문단의 자문에 따라 1958년부터 한국은행에서 국제기준에 맞춰 국민소득통계를 작성하기 시작했다. 행정안전부 국가기록원: https://www.archives.go.kr/next/newsearch/listSubjectDescription.do?id=002237&pageFlag=&sitePage=
12. 자세한 내용은 조은주, 〈1960년대 한국의 통계 발전과 지식 형성의 실천: 주한통계고문단(1958-1963)을 중심으로〉, 《한국과학사학회지》 38(1), 2016, pp213-238.
13. 이때 통계와 통계학이 얼마나 다른지 느꼈다. 국민소득통계는 통계학도 필요하지만, 그보다 거시경제학, 회계학에 대한 이해가 더 필요하다.
14. 2025년 3월 5일 《조선일보》 기사 참조. https://biz.chosun.com/en/en-policy/2025/03/05/E6LWZRWXQNCSDKKG4BIYZZRAIU/
15. 경제의 국제화가 진전되기 전인 1990년대 이전에는 GDP가 GNP로 경제성장률을 구했다. 이 글에서는 편의상 GDP로 통일해서 기술했다. GNP는 생산 주체가 우리나라 국민인지 여부가 기준이지만, GDP는 영토가 기준이다.
16. IMF, 세계은행 등은 GDP를 경제성장을 측정하는 지표로 인정했고, 이에 세계 각국은 GDP를 산정하게 되었다.
17. GDP: One of the Great Inventions of the 20th Century, Survey of Current Business, Jan 2000. 미국 상부부에서 국민소득통계를 만들기 때문에 과대평가한 측면이 있지만 위대한 발명품임에는 틀림없다.
18. 국민소득통계에 대한 자세한 내용은 《알기 쉬운 경제지표 해설》(한국은행, 2023) 참조.

19. 그리스는 EU 가입 후 조달금리가 낮아졌다. 이를 바탕으로 정부는 빚을 내어 각종 선심성 정책을 펼쳤고, 2004년 아테네올림픽으로 막대한 재정 지출을 했다. 자세한 내용은 《동아일보》 기사(https://www.donga.com/news/Economy/article/all/20241122/130480914/1)와 《한겨레신문》 기사 (https://www.hani.co.kr/arti/international/europe/699277.html) 참조.
20. 조재근, 〈공공의 적이 된 그리스 전 통계청장〉, 《나라경제》, 2018년 7월호.
21. 그의 수정된 수치 덕분에 그리스는 EU와 IMF로부터 대출 자격을 유지할 수 있었다.
22. 2018년 6개 통계 전문가 학회는 그에게 "통계의 개선, 성실성, 독립성을 옹호한 그의 노력"에 대한 표창을 했고, 노벨상 수상자, IMF 전 총재를 포함한 600명 이상과 40개 단체가 그의 법적 절차를 중단할 것을 촉구하는 청원을 했다. 출처: Eight Years of Government Persecution of Greek Statistician, American Statistical Association, https://www.amstat.org/news-listing/2021/10/08/eight-years-of-government-persecution-of-greek-statistician.
23. Miranda Xafa(2024). 기고문 The judicial ordeal of ELSTAT's Andreas Georgiou continues https://www.ekathimerini.com/opinion/1238662/the-judicial-ordeal-of-elstats-andreas-georgiou-continues/.

에필로그

1. 로버트 루트번스타인·미셸 루트번스타인, 박종성 역, 《생각의 탄생》, 에코의서재, 2007.
2. 수학은 통계적 사고를 확장하는 중요한 도구다. 하지만 수학이 통계적 사고의 진입장벽이 되어서는 안 된다는 생각이다. 수학과 관계없이 통계학을 배우자는 입장이다.
3. 노래 영상은 https://www.youtube.com/watch?v=zL7YMccXfaQ에서 볼 수 있다. 가사는 챗GPT, 음악은 Suno AI, 영상은 Sora, 자막 및 영상 편집은 Vrew를 이용해서 만들었다.

참고문헌

국내

김양우·이긍희, 〈새로운 연간 거시계량경제모형-BOKAM97 경제분석〉, 한국은행, 1998.

김양우·장동구·이긍희, 〈우리나라의 거시계량경제모형-BOK97 경제분석〉, 한국은행, 1997.

다니엘 카너먼, 이창신 역, 《생각에 관한 생각》, 김영사, 2011.

데니엘 카너먼·올리비에 시보니·캐스 선스타인, 장진영 역, 《노이즈: 생각의 잡음》, 김영사, 2021.

데이비드 살스버그, 최정규 역, 《천재들의 주사위》, 뿌리와이파리, 2003.

로버트 루트번스타인·미셸 루트번스타인, 박종성 역, 《생각의 탄생》, 에코의서재, 2007.

박성호·차경천, 〈챌린저호 폭발 원인은 통계의 오판〉, 《동아사이언스》, 2006.

배재수·장주연·노성룡·김태현, 《광복 이후 산림자원의 변화와 산림정책—녹화 성공과 새로운 도전》, 국립산림과학원, 2022.

스티브 존슨, 김명남 역, 《감염지도》, 김영사, 2008.

스티븐 스티글러, 김정아 역, 《통계학을 떠받치는 일곱 기둥 이야기》, 프리렉, 2016.

스티븐 스티글러, 조재근 역, 《통계학의 역사》, 한길사, 2005.

양길석·민경석·손원숙·이명애, 〈대학능력시험의 안정적 등급 산출을 위한 요건 탐색〉, 《교육과정평가연구》 9(1), pp69–88, 2006.

이긍희·김용대·김기온, 《딥러닝의 통계적 이해》, 한국방송통신대학교출판문화원, 2020.

이긍희·김훈·김재희·박진호·이재용, 《통계학의 개념과 제문제 개정판》, 한국방송통신대학교출판문화원, 2019(초판 2011년).

이긍희·박진호, 《확률의 개념과 응용 개정판》, 한국방송통신대학교출판문화원, 2024(초판 2005년).

이긍희·이기재·장영재·박서영·한종대, 《통계로 세상 읽기》, 한국방송통신대학교출판문화원, 2024.
이긍희·함유근·김용대·이준환·원중호, 《빅데이터의 이해와 활용 개정판》, 한국방송통신대학교출판문화원, 2022.
이덕일, 《정약용과 그의 형제들 1, 2》김영사, 2004.
이안 스튜어트, 장영재 역, 《신도 주사위 놀이를 한다》, 북라이프, 2019.
이안 해킹, 정혜경 역, 《우연을 길들이다》, 바다출판사, 1990.
정규영, 사암선생연보, http://tasan.or.kr/data/downfile/사암연보.pdf, 1921.
조은주, 〈1960년대 한국의 통계 발전과 지식 형성의 실천: 주한 통계 고문단(1958-1963)을 중심으로〉, 《한국과학사학회지》 38(1), pp213-238, 2016.
조재근, 〈공공의 적이 된 그리스 전 통계청장〉, 《나라경제》, 2018년 7월호, 78-79, 2018.
피터 L. 번스타인, 안진환 역, 《리스크》, 한국경제신문사. 1997.
한국은행, 《알기 쉬운 경제지표 해설》, 2023.
C. R. 라오, 이재창·송일성 역, 《혼돈과 질서의 만남》, 나남, 2003.

해외

Anderson RJ.(2011). Florence Nightingale: the biostatistician. Mol Interv. 2011 Apr;11(2):63-71. doi: 10.1124/mi.11.2.1. PMID: 21540464.

Anscombe, F. J. (1973). Graphs in Statistical Analysis. The American Statistician, 27(1), 17-21. https://doi.org/10.2307/2682899.

Ashenfelter, O., Ashmore, D., and Lalonde, R.(1995). Bordeaux Wine Vintage Quality and the Weather. CHANCE,8(4), 7-14. https://doi.org/10.1080/09332480.1995.105424.

Ashenfelter, Orley(2008). Predicting the Quality and Prices of Bordeaux Wine, The Economic Journal, Jun., 2008, Vol. 118, No. 529, Features (Jun., 2008), pp.F174-F184.

Bartoš, František 등 (2023). Fair coins tend to land on the same side they started: Evidence from 350,757 flips, https://arxiv.org/abs/2310.04153.

Beniger, James R. and Dorothy L. Robyn (1978) "Quantitative Graphics in Statistics: A Brief History", The American Statistician, 32(1), pp. 1-11.

Boyd, C. L., Epstein, L., & Martin, A. D. (2010). Untangling the Causal Effects of Sex on Judging.

Bradshaw N.-A.(2020). Florence Nightingale: 200 Years Since Her Birth and We Are Still Making the Same Errors With Data, Mathematics TODAY, APRIL 2020 pp 65-68.

Cox, A. B., & Miles, T. J. (2008). Judging the Voting Rights Act.

Danziger, S., Levav, J., and Avnaim-Pesso, L. (2011). Extraneous factors in judicial decisions.

Efron, B. and T. Hastie (2016). Computer Age Statistical Inference Algorithms, Evidence, and Data Science, Cambridge University Press.

Efron, B., Hastie, T., Johnstone, I., & Tibshirani, R. (2004). Least angle regression. Ann. Statist. 32(2).

Field, K.(2020). Something in the water: the mythology of Snow's map of cholera, ArcGIS Blog.

Glynn, A. N., & Sen, M. (2015). Identifying Judicial Empathy: Does Having Daughters Cause Judges to Rule for Women's Issues?

Jacob Bernoulli and the First Law of Large Numbers, A History of British Actuarial Thought, url https://ebrary.net/118872/history/jacob_bernoulli_large_numbers_16921713.

Kremer, Michael(1993). The O-Ring Theory of Economic Development,The Quarterly Journal of Economics, Volume 108, Issue 3, Pages 551-575, ttps://doi.org/10.2307/2118400.

Longfellow, H. W. (1857). The Atlantic Monthly; November 1857; "Santa Filomena", 1(1), pp 22-23.

McCandless, D.(2010). The beauty of data visualization, TED Global 2010.

Okun, Arthur M.(1962). "otential GNP: Its Measurement and Significance", merican Statistical Association, Proceedings of the Business and Economics Statistics Section 1962. Reprinted with slight changes in Arthur M. Okun, The Political Economy of Prosperity (Washington, D.C.: Brookings Institution, 1970).

Parsons, Christopher A., Johan Sulaeman, Michael C. Yates and Daniel

S. Hamermesh (2011). "Strike Three: Discrimination, Incentives, and Evaluation". American Economic Review,101 (4): 1410−35.

Patalay, Prathamesh (2023). COMPAS: Unfair Algorithm? ttps://medium.com/@lamdaa/compas-unfair-algorithm-812702ed6a6a

Phillips A. W.(1958). 'The Relation between Unemployment and the Rate of Change of Money Wage Rates in the United Kingdom 1861−1957' 25 Economica 283, referring to unemployment and the "change of money wage rates".

Sandberg, M.(2013). DataViz History: The Ghost Map: Myth−Making and Evolution of the Ghost Map, Michael Sandberg's Data Visualization Blog, April 13, 2013.

State v. Loomis, 881 N.W.2d 749(Wis. 2016). https://harvardlawreview.org/print/vol-130/state-v-loomis/

Stömmer, Ralph (2024). On the Lottery Problem: Tracing Stefan Mandel's Combinatorial Condensation, https://arxiv.org/pdf/2408.06857.

Sunstein, C. R., Schkade, D., Ellman, L. M., & Sawicki, A. (2006). Are Judges Political? An Empirical Analysis of the Federal Judiciary.

Tukey, J. W. (1962). The Future of Data Analysis. The Annals of Mathematical Statistics, 33(1), 1−67. http://www.jstor.org/stable/2237638.

Xafa, Miranda (2024). The judicial ordeal of ELSTAT's Andreas Georgiou continues, ekathimerini.com(그리스 뉴스 포털, 2014년 5월 14일).

Yau, Nathan(2023). Life Expectancy of Pets, Flowingadta blog.

● 주요 인물

- 가우스(Gauss, Carl Friedrich): 1777~1855. 독일 출신의 수학자이자 물리학자로, 정규분포를 수학적으로 정식화했고 측정 오차 분석에 활용했다.
- 게오르기우(Georgiou, Andreas): 1960~현재. 그리스 출신의 통계청장으로, 그리스 통계청장을 역임했고 통계 독립성을 수호했다.
- 골턴(Galton, Francis): 1822~1911. 영국 출신의 통계학자이자 우생학자로, 상관계수와 회귀분석 개념을 창안했고 유전 연구에 통계 기법을 최초로 체계적으로 사용했다.
- 그랜트(Graunt, John): 1620~1674. 영국 출신의 상인이자 인구통계학자로, 인구통계학을 창시했고 사망표를 개발했다.
- 그레인저(Granger, Clive William John): 1934~2009. 영국 출신의 계량경제학자로, 인과성 검정과 공적분 분석을 개발했으며 노벨상을 수상했다.
- 나이팅게일(Nightingale, Florence): 1820~1910. 영국 출신의 간호사이자 통계학자로, 통계와 시각화를 통해 군 의료 개혁을 추진했고 장미도표를 개발했으며 영국통계학회 첫 여성 회원이 되었다.
- 네이만(Neyman, Jerzy): 1894~1981. 폴란드/미국 출신의 통계학자로, 가설검정, 신뢰구간, 층화추출법을 개발했다.
- 노이라트(Neurath, Otto): 1882~1945. 오스트리아 출신의 철학자이자 사회학자로, 아이소타입 시각화 체계를 창시했다.
- 데카르트(Descartes, René): 1596~1650. 프랑스 출신의 수학자이자 철학자로, 직교좌표계를 창안했고 수학과 시각화의 연결점을 제공했다.
- 드무아브르(Moivre, Abraham de): 1667~1754. 프랑스/영국 출신의 수학자로, 정규분포 개념을 형성했고 중심극한정리의 초기 근거를 제시했다.
- 라플라스(Laplace, Pierre-Simon): 1749~1827. 프랑스 출신의 수학자이자 천문학자로, 베이즈 정리를 확장했고 중심극한정리를 정교화했다.
- 랜디(Randi, James): 1928~2020. 캐나다 출신의 마술사이자 회의주의자로, 초능력 검증 실험을 진행했고 과학적 회의주의를 주장했다.
- 르장드르(Legendre, Adrien-Marie): 1752~1883. 프랑스 출신의 수학자로, 최소제곱법을 개발했다.
- 맥칸들리스(McCandless, David): 1971~현재. 영국 출신의 정보 디자이너로, TED에서 데이터 시각화를 소개했다.
- 미나르(Minard, Charles Joseph): 1781~1870. 프랑스 출신의 토목기사이자 시각화의 선구자로, 나폴레옹의 러시아원정을 다변량 그래픽으로 시각화했으며 "최고의 통계 그래픽"이라는 평가를 받았다.

- 박스(Box, George): 1919~2013. 영국 출신의 통계학자로, 품질관리과 시계열 분석의 업적을 남겼다.
- 베르누이(Bernoulli, Jakob): 1654~1705. 스위스 출신의 수학자로, 수학상수 e를 발견했고, 대수의 법칙을 유도했다.
- 베이즈(Bayes, Thomas): 1701~1761. 영국 출신의 신학자로, 사후확률 개념을 정립했고 베이즈 정리를 제시했다.
- 보울리(Bowley, Arthur): 1869~1957. 영국 출신의 통계학자로, 표본추출에서 임의추출법을 제안했다.
- 섀넌(Shannon, Claude Elwood): 1916~2001. 미국 출신의 수학자이자 컴퓨터 과학자로, 정보이론의 아버지로 불린다.
- 세르(Kiaer, Anders): 1838~1919. 노르웨이 출신의 통계학자로, 대표표본추출 방법을 제안했고 노르웨이 통계국을 창설했다.
- 스노우(Snow, John): 1813~1858. 영국 출신의 의사이자 역학자로, 콜레라 전파 원인을 지도 기반 시각화로 규명했다.
- 스피드(Speed, Terry): 1943~현재. 호주 출신의 통계학자로, 생물통계학을 연구했고 O.J. 심슨 재판 증인으로 활동했다.
- 아버스넛(Arbuthnot, John): 1667~1735. 영국 출신의 의사·수학자·풍자 작가로, 성비 통계 분석을 통해 최초로 귀무가설 기각 사례를 제시했다.
- 애센펠터(Ashenfelter, Orley): 1942~현재. 미국 출신의 경제학자로, 와인 가격 예측과 노동경제학 연구에 기여했다.
- 앤스콤(Anscombe, Francis): 1918~2001. 영국/미국 출신의 통계학자로, 시각화의 필요성을 강조했고 사중주로 알려진 데이터 세트를 개발했다. 튜키의 처남이다.
- 야우(Yau, Nathan): 1980~현재. 미국 출신의 데이터 시각화 전문가로, 통계 시각화 블로그 플로잉데이터를 운영하고 있다.
- 에프론(Efron, Bradley): 1938~현재. 미국 출신의 통계학자로, 《컴퓨터 시대의 통계적 추론》을 저술했고 부스트래핑 방법을 개발했다.
- 오캄(Ockham, William): 1287~1347. 잉글랜드 출신의 철학자이자 신학자로, '오캄의 면도날'이라는 단순성 원칙을 주장했다.
- 웰스(Wells, H. G.): 1866~1946. 영국 출신의 SF작가이자 사상가로, 《타임머신》을 집필했다.
- 율(Yule, George Udny): 1871~1951. 영국 출신의 통계학자로, 율의 분포를 연구했고 회귀분석 이론을 정리했다.
- 이곤 피어슨(Pearson, Egon): 1895~1980. 영국 출신의 통계학자로, 네이만-피어슨 검정법을 개발했다. 칼 피어슨의 아들이다.
- 정약용: 1762~1836. 조선의 실학자로, 조선 문신으로 활동했고 식목장부 기록

및 체계화에 기여했다.
- 카너먼(Kahneman, Daniel): 1934~2024. 이스라엘/미국 출신의 심리학자이자 경제학자로, 행동경제학을 연구했고 시스템 1·2 이론을 개발했으며 노벨경제학상을 수상했다.
- 케틀레(Quetelet, Adolphe): 1796~1874. 벨기에 출신의 통계학자이자 천문학자로, 사회물리학을 창시했고 평균인의 개념을 도입했다.
- 쿠즈네츠(Kuznets, Simon): 1901~1985. 미국/러시아 출신의 경제학자로, GDP 개념을 정립했고 노벨경제학상을 수상했다.
- 크레이머(Kremer, Michael): 1964~현재. 미국 출신의 경제학자로, 개발경제학을 연구했고 오링이론을 개발했으며 노벨경제학상을 수상했다.
- 터프티(Tufte, Edward): 1942~현재. 미국 출신의 정보 디자이너이자 통계학자로, 정보디자인 및 데이터 시각화의 철학을 제시했고 미나르의 그래픽을 재조명했다.
- 튜키(Tukey, John): 1915~2000. 미국 출신의 통계학자로, 탐색적 데이터 분석(EDA)을 창시했다.
- 트웨인(Twain, Mark): 1835~1910. 미국 출신의 작가로, 《톰 소여의 모험》을 집필했고 "거짓말, 새빨간 거짓말, 그리고 통계"라는 말을 남겼다.
- 파(Farr, William): 1807~1883. 영국 출신의 통계학자로, 공중보건 통계와 사망률 분석에 기여했다.
- 파스칼(Pascal, Blaise): 1623~1662. 프랑스 출신의 수학자·물리학자이자 철학자로, 확률이론을 창시했으며 도박 문제 분석을 통해 현대 확률을 수립했다.
- 프리스틀리(Priestley, Joseph): 1733~1804. 영국 출신의 화학자이자 신학자로, 연대표 기반 데이터 시각화를 개척했다.
- 피셔(Fisher, Ronald): 1890~1962. 영국 출신의 통계학자이자 유전학자로, 이론통계학을 정립했고 분산분석, 최대가능도추정법 등을 개발했다.
- 피어슨(Pearson, Karl): 1857~1936. 영국 출신의 통계학자로, 피어슨 상관계수를 제시했고 통계학을 과학으로 정립했다.
- 해킹(Hacking, Ian): 1936~2023. 캐나다 출신의 과학철학자로, 통계철학을 연구했다.
- 핼리(Halley, Edmund): 1656~1742. 영국 출신의 천문학자이자 기상학자로, 최초의 산점도형 그래프를 만들었고 기압과 고도 관계를 시각화했다.
- 헤이스티(Hastie, Trevor): 1953~현재. 남아프리카/미국 출신의 통계학자로, 《컴퓨터 시대의 통계적 추론》을 저술했다.
- 힐(Hill, Austin Bradford): 1897~1991. 영국 출신의 의학통계학자로, 현대 무작위 임상시험(RCT)의 선구자이며, 흡연과 폐암의 연관성을 입증했다.